हड़प्पा

हड़प्पा

जयभद्र

अनुवाद

सुशील गुप्ता

वाणी प्रकाशन

वाणी प्रकाशन

'लोगो' वाणी प्रकाशन : मक़बूल फ़िदा हुसेन

वाणी प्रकाशन, 4695, 21-ए, दरियागंज, नयी दिल्ली-110002

वाणी प्रकाशन, अशोक राजपथ (पटना कॉलेज के सामने), पटना (बिहार)

HARAPPA

by Jaibhadra

***translated by* Sushil Gupta**

Novel

ISBN : 978-93-5000-489-0

प्रथम संस्करण

मूल्य : 95/-

वाणी प्रकाशन

फोन : 0091#11#23273167, फोन व फैक्स 23275710

वेबसाइट : www.vaniprakashan.in

ई-मेल : vaniprakashan@gmail.com

आर.टेक ऑफसेट द्वारा दिल्ली-110095 में मुद्रित

निरुद्देश्य

आज अर्सा हो गया, तुम हमें छोड़कर चले गये। मैं बड़ी उम्मीद लगाये, तुम्हारे लौटने की राह देख रहा हूँ। तुम्हें देखने की तीखी चाह जाग उठी है। सुनो, अब अपने मन में कोई अभिमान न रखो, तुम जहाँ भी हो, लौट आओ, क्योंकि मैं मृत्युशय्या पर हूँ। इति.

तुम्हारा पिता

अख़बार के भीतरी पन्ने पर बप्पा की तरफ से दिया हुआ यह सन्देश पढ़कर, मन दुःखी नहीं हुआ, ऐसी बात नहीं है। यही मुझे स्वाभाविक लगना चाहिए था या नहीं भी लगता। लेकिन सब कुछ से परे, मेरी ज़िन्दगी का एक अहम लक्ष्य है, अपनी माँ को नये सिरे से आविष्कार करना। इस लक्ष्य के अलावा मुझे अपने जीवन में बचा-खुचा सब कुछ नितान्त गौण लगता था। मैं अभी भी ठीक-ठीक नहीं जानता, मेरे अन्तस् की गहराई में, वह जो अनुमान पर आधारित, शब्द-समूह खुसफुसाते रहे, मेरा मन हुआ, सिर्फ वही अपने बप्पा तक पहुँचा दूँ। अब तक उन्हें भी मेरे लक्ष्य की जानकारी मिल चुकी होगी, क्योंकि मेरी राय में, स्वाभाविक मृत्यु के पूर्व कुछेक मुहूर्त, उनके या अन्य किसी भी इनसान के लिए भयंकर स्पर्शकातर और सत्य की तलाश में बौखलाया रहता है। यह आखिरी साँसों में वक्त, मानो उनके सामने अनन्त महासागर ही उकेरता रहता है और यही अगर सच है, तो बप्पा को मेरा अशेष और हार्दिक धन्यवाद। मेरे ख़याल से बप्पा के प्रति मेरी यह एकमात्र और अन्तिम सीमाबद्ध जिम्मेदारी थी। इसके अलावा मेरे

पास उन्हें देने को और कुछ भी नहीं है।

'बप्पा, तुम मुझे माफ कर देना...'

फिलहाल मुझे सिर्फ अपनी माँ का ख़याल आ रहा है। उनसे मेरी आखिरी भेंट, एक अस्पष्ट धुँधलके में उन दिनों हुई थी, जब मैं लगभग तीन वर्ष का था। उनके बाल घुँघराले, घने काले थे! कमर तक लहराते हुए बाल! उनकी गोद बेहद कोमल थी, गावतकिये की तरह! उनकी छाती रूई की तरह नरम और गुदगुदी थी। मैं ये बातें प्रबल आत्मविश्वास के साथ इसलिए याद रख सका, क्योंकि नवजन्मे शिशु के लिए माँ की देह के ये सब ममतालु अंग बेहद अपरिहार्य और निर्भरयोग्य होते हैं। मुझे यह भी याद है कि माँ जब मुझे गोद में लिटाकर, मेरे गाल चूमती थी, तब काले घुँघराले बालों की ढेरों लटें मेरा चेहरा ढँक लेती थीं। मेरी नन्ही-नन्ही कोमल हथेलियाँ, माँ के मुट्ठी भर बाल, अपने लार से भिंगो देती थीं।

बस, इतना भर ही! इसके अलावा, मेरे पास, अपनी माँ का कुछ भी नहीं है। हालाँकि सुनने में आता है कि माँ की एक और चीज़ मेरे पास रह गयी है! मैंने सुना है माँ मुझे अपनी सूरत-शक्ल सौंप गयी है! 'उन लोगों' का दावा है कि मैंने अपनी माँ का चेहरा, यहाँ तक कि माँ के सब कुछ पर कब्जा जमाये बैठा हूँ।

बहरहाल, माँ जहाँ कहीं भी हों, मैं उन्हें खोजूँगा। मैं उनसे पूछूँगा कि वह मुझे छोड़कर चली क्यों गयी, क्योंकि मैं ही उनकी इकलौती सन्तान हूँ। अब तो सारा कुछ, नितान्त कविता जैसा है, क्योंकि मेरी माँ, मेरे साथ आँखमिचौनी खेल रही थी—कभी सतरंगे इन्द्रधनुष का खेल...कभी रात की बरसती चाँदनी में, कभी सुदूर आखिरी पहर की रात के कुहासे में, जिस कुहासे से मैं हमेशा भयभीत रहा हूँ...! जाने कितने वर्षों पहले, कहीं खो गयी मेरी माँ... वही माँ...!

अप्रैल महीने का आखिरी कोई दिन था। धरती के तन-बदन से मानो अपने धधकते अन्तस् की भाप उगल रही है! सिर के

ऊपर मुँह बाये मगरमच्छ जैसा जलता हुआ महाशून्य! मेघों का कहीं लेशमात्र भी नामोनिशान नहीं है। ख़ैर, बादलों का समय भी नहीं था, फिर भी, वे लोग बादलों की महीन पर्त जैसे लग रहे हैं। वे सब एक-दूसरे के काफी करीब-करीब ही हैं। उनकी तीखी निगाहें, नीचे, ज़मीन की तरफ गड़ी हैं। शकुन पक्षियों का झुण्ड! उफ! कितने बुद्धू हैं ये लोग! उन्हें पता ही नहीं कि मैं कभी, किसी दिन भी मरूँगा नहीं... किसी दिन भी...

'यानी आप यह कहना चाहते हैं कि यहाँ बस या ट्रेन का कोई इन्तज़ाम नहीं है?'

'ना'

'बनाने का वादा किया था?'

'सो, किया था...'

'कब?'

'बहुत वर्ष पहले!'

'जब कहा है, तो ज़रूर बनेगा! अभी भी कहते हैं?'

'भला कहेंगे नहीं? खू-ब कहते हैं।'

'शायद भविष्य में भी यही कहते रहेंगे। ख़ैर, छोड़िए! ऊपरवाले पर भरोसा करना न छोड़ें!' मेरा आखिरी जुमला ईषत् बुदबुदाहट में बदल गया था।

'हाँ, शायद रटते ही रहेंगे! असल में, यह पूरा मामला, जलती हुई सिगरेट के टुकड़े जैसा है। क्या समझे? ऐश से दो-चार कश लगाओ और उछालकर फेंक दो—'

'ख़ैर जो भी हो, जब कहा है, तो पूरा भी करेंगे, हमें धीरज रखना चाहिए।'

'आप न...बेहद सीधे-सादे सरल हैं।'

यह कहते हुए वह शख़्स ईषत् हँसा या गम्भीरता में खो गया? हालाँकि उस शख़्स ने पहले जो बातें कहीं, उसके अक्षर-अक्षर में

मुझे कोई प्रच्छन्न अभिव्यक्ति का आभास नहीं हुआ था। उस शख़्स की बातों का हर ग्राफ मानो बदली भरे दिन में रिमझिम बारिश जैसी ही एकरस, लगभग सीधी-सादी सरल किसी अनुभूमिक रेखा जैसी लगीं। वह शख़्स मानो निहायत ही मशीनी, स्वयं सक्रिय मांस का पुतला जैसा जान पड़ा।

वैसे इसकी एक वजह भी है। वह हड्डी-पसली तक बाहर निकाले हुए, वीभत्स गर्जना के साथ, वह गाड़ी उस पथरीली राह पर चलती जा रही थी। हर पल यही लग रहा था कि वह गाड़ी अभी ही अपने सारे कल-पुर्ज़े खोलकर, एकदम से सशरीर फट पड़ेगी।

समूचे विस्तीर्ण अंचल में उत्ताप मानो उमड़ा पड़ रहा था। दूर यह सड़क, मानो ऊपर चढ़कर, एकदम से ढलुई हो आयी थी। यहाँ तक आते हुए चढ़ाई पार करते हुए, जितनी ऊँची हो गयी थी, उतरते हुए, उतराई उतनी ही नीची हो गयी थी। यहाँ की भू-प्रकृति ऐसी है कि मिट्टी लाल और रूक्ष नज़र आती थी। चारों तरफ अजब खाँव-खाँव सन्नाटा पसरा हुआ! करीब या दूर, हर वक्त विक्षिप्त टीला ही टीला! जन-मानसशून्य!

'वजह? कोई हो भी तो सकती है?' मेरी बात के जवाब में उस शख़्स ने कहा।

'आप क्या सब जानते हैं?'

'यही...जितना भर जानना ज़रूरी है...'

'अब, और कितनी देर...?'

'अरे, अभी तो शुरू है...ज़रा सब्र करें...।'

'अभी और...बहुत दूर जाना होगा?'

'हाँ, का-फी दूर।'

'कितनी दूर...?'

'वो...वहाँ...दू-र, आखिरी छोर पर नज़र डालें, कुछ दिखायी दिया?' उस शख़्स ने अपने दाहिने हाथ की तर्जनी उठाकर, दिगन्त के धुँधलायी सीमा की ओर इशारा किया।

'बाप रे! जैसी चिलचिलाती धूप है! आँखें चौंधिया रही हैं! कहाँ?'

'ज़रा, गौर से देखें–'

घोड़े के खुरों की आवाज़ें और घूमते हुए पहिये तले माटी से उड़ती हुई धूल, चकरघिन्नी की तरह गोल-गोल घूम रही थी। ऐसा लगा, एकमात्र वही जीवित है। इसके अलावा, कहीं, कोई आवाज़ नहीं। दूर दिगन्त मानो करीब आने का नाम ही नहीं ले रहा है, जस-का तस दूरी बनाये हुए है। जाने क्या तो चिक्-मिक चमक रहा है, मानो मरीचिका हो! सबके सब धुँधले-धुँधले पहाड़ जैसे!

'उफ! क्या धूप है, रे बाप! ऐसे और कितनी देर चलना होगा?

'मुझे तो यह नहीं लगता कि आपको इतना बेसब्र होना चाहिए–'

मैं समझ गया। पहले कही हुई मेरी किसी बात का प्रसंग खींचकर, उसने मुझे ख़ासा ढोंक दिया।

इसके बावजूद वह शख़्स विनीत मुद्रा में हँस पड़ा। उसके मुँह से हँसी की आवाज़, मैंने पहली बार सुनी।

'हम लोगों को यह सारा कुछ सह गया है। आपको भी सहन होने लगेगा।'

'जाने कैसी तो अजीब जगह है, बेहद विचित्र!' मैंने लगभग बुदबुदाकर कहा।

'हाँ, दादा, बस, ऐसी ही है! विचित्र होना ही स्वाभाविक है। ऐसा कोई परिवर्तन ही यहाँ नहीं हुआ। अस्तु, युगों-युगों से सदियों-सदियों से सब कुछ वैसी की वैसी ही रह गयी है।'

'मतलब...पूरे वर्ष ही...?'

'पूरे वर्ष ही इसी क़िस्म का आग बरसाता हुआ उत्ताप! लेकिन सिर्फ सुबह के वक्त ही! उस वक्त इतनी झुलसाती गर्मी होती है कि दिन के वक्त आपको कोई नज़र ही नहीं आयेगा। रात

बिल्कुल उलट! ठण्डी-ठण्डी हवाएँ चलती हैं...'

'वह क्या है? बिखरा-छितराया हुआ?'

'कौन...? कहाँ?'

'वो रहे...वो मानस लोग?'

'ओह...वोऽ लोग!'

'लगता है, जैसे मर चुके हैं...'

'मुमकिन है, मर ही गये हों। वहाँ मरे पड़े हों। जो आग बरस रही है, शायद मर ही गये हों। वैसे मौत के बारे में हम ख़ास कुछ सोचते-वोचते नहीं। आपकी बातों से लग रहा है, आप मौत से बेहद डरते हैं। क्यों?'

'युगों-युगों, वर्षों-वर्षों, शायद हज़ारों-हज़ार वर्षों की प्राचीन सभ्यता मानो आग में झुलसती जा रही है। चारों तरफ अदिगन्त रेत की मरुभूमि पसरी हुई, मानो सभ्यता का कार्बन उगल रही हो! लू चल रही थी, मानो जली-झुलसी विषन्न किसी सभ्यता की सूनी-रिक्त पटभूमि हो।'

'क्या? उस जगह का क्या तो नाम बताया आपने?'

'हड़-अप्पा! मतलब मृतकों की समाधि! लेकिन लोग-बाग़ इसे 'हड़प्पा' नाम से पुकारते हैं। असल में, सभी लोग इस जगह को इसी नाम से पहचानते हैं—'

'गाँव?'

'गाँव! आप क्या बात करते हैं, भाई साहब। समूचा का समूचा शहर था!'

घोड़ा हिनहिना उठा! बेहद करीब, फिर भी ऐसा लगा, मानो काफी दूर से, बेहद धीमी लय में बहकर आता डुआ कोई आर्तनाद हो।

दरअसल, यह सब कुछ भी नहीं है! महज़ भ्रम है! हालाँकि सुदूर पहाड़ से, घोड़े की कर्कश और रूक्ष चीत्कार, प्रतिध्वनि बनकर लौट आयी, अब वे पहाड़ ठीकठाक दृश्यमान हो उठे। ये पहाड़,

कैसे तो धूसर दैत्य हों, कैसी तो चिकमिक करती मरीचिका हो।

'ठीक, किस तरफ होगा, बताइए तो?'

'यह पूरी तरह आप पर निर्भर करता है। उत्तर चाहें, तो उत्तर, या फिर दक्षिण। चाहें तो उत्तर-दक्षिण के बजाय बायें या दायें भी हो सकता है। कहा न, सब कुछ आप पर निर्भर करता है। जो भी आ-प चाहें—'

'लेकिन...गाँव नहीं, शहर! यहाँ तो कई एक इनसान का अता-पता नहीं, आस-पास कोई गाँव भी तो नज़र नहीं आ रहा है। आपका शहर, ऐसी फालतू जगह पर है...?'

जाहिर है कि मेरी इस बात के हर शब्द में अनुपूरक कौतूहल और विस्मय की अभिव्यक्ति थी, कहीं कोई प्रच्छन्न विद्रूप भी था। अपनी बात ख़त्म होते ही खुद मुझे भी इसका अहसास हो आया।

लेकिन उस शख़्स ने कोई जवाब नहीं दिया है। हाँ, सिर्फ पीछे मुड़कर उसने मुझे एक झलक देखा। अगले ही पल, उसने घोड़े की पीठ पर ज़ोर से एक चाबुक जड़ दी, शायद गुस्से से या चढ़ाई की उच्चता की वजह से! यह बात बखूबी समझ में आ रही थी कि घोड़ा बुरी तरह हाँफ रहा था। यहाँ की चढ़ाई ख़ासी ऊँची थी। चढ़ाई के सिरे पर पहुँचकर गाड़ी थम गयी।

'यहाँ से, अब हमें, पैदल चलना होगा—' उस शख़्स ने कहा, 'यहाँ से नीचे की तरफ गौर से निगाह डालें। इस रास्ते पर जितनी खड़ी चढ़ाई है, उतनी ही दुर्गम है यह राह। वह जो महीन-सी धारी देख रहे हैं, नदी की तरह, वह नदी नहीं, पहाड़ी झरने का स्रोत है। ज़्यादा गहरा भी नहीं है। उसके पार वह जो पहाड़ नज़र आ रहा है, उसमें से होकर ही जाता है गिरिपथ...यानी पहाड़ी रास्ता, जो सीधे हमारे शहर की ओर चला गया है।'

'तो फिर यह घोड़ागाड़ी...?'

'आप इस बारे में अपना दिमाग़ ख़राब न करें। घोड़े ठीक अपनी जगह पहुँच जायेंगे।'

नदी की धार में जो छोटे-बड़े पत्थर तैर रहे थे, हम दोनों उस पर पैर रखकर, आराम से नदी पार कर गये।

वह शख़्स मानो बड़े गर्व के साथ मेरे आगे-आगे ही चल रहा था। मैं उसकी चाल के साथ, ताल से ताल मिलाकर पीछे-पीछे ही चलने की कोशिश कर रहा था। आखिरकार जब उसे इस बात का होश आया, उसने अपनी चाल धीमी कर दी। अब हम प्रायः कन्धे से कन्धा मिलाकर चलने लगे।

'आपके यहाँ आने की वजह क्या है?'

'मेरी माँ...बहुत वर्षों पहले...?'

अगले ही पल मेरी आवाज़ में बचे-खुचे शब्द अचानक घिसटते हुए पहियों की घरघराहट में गुम होती गयी या उसमें ही मेरा आखिरी जुमला सुनने का धीरज नहीं रहा।

उसने छूटते ही अगला सवाल जड़ दिया, 'आपकी माँ का नाम?'

'माफ़ कीजिएगा, मुझे ठीक-ठीक पता नहीं। मेरे बप्पा उन्हें 'तुम्हारी माँ' के नाम से सम्बोधित करते थे। यहाँ तक कि बप्पा के नाते-रिश्तेदार भी 'तुम्हारी माँ' या 'तेरी माँ' कहते थे।'

'और आपकी माँ के गाँव के नाते-रिश्तेदार?'

'नहीं, मैं ठीक नहीं जानता। वैसे अर्सा हुआ, उन लोगों से मेरी भेंट नहीं हुई, अगर होती, तो मैं पूछ लेता।'

अगले ही पल, हम दोनों ने लम्बी उसाँस भरी। हमारी वह उसाँस इतनी दबी-दबी थी और सूई की नोक जैसी तीखी थी कि उस मुर्दा खामोशी को टुकड़े-टुकड़े करती, पहाड़ की दीवारनुमा चट्टानों से टकराकर, वापस हमारे ही पास लौट आयी।

'शहर में ठहरने के लिए अच्छी जगह-वगह तो है न?'

'आप आयेंगे, यह मुझे मालूम था।'

'मालूम था? आपको ख़बर कैसे मिली?'

'यहाँ, यही मेरा मुख्य काम है। लेकिन, मुझे अफसोस है कि

आपके आने की वजह मैंने नहीं पता की।'

दूसरी बार, एक चढ़ाई पार करके, हम गिरिपथ से होकर गुज़र रहे थे। हमारा हर क़दम भयंकर रूप से निःसंग था और शब्द मुखर भी था। इसके अलावा, कहीं, कोई और शब्द नहीं था। यहाँ तक कि गर्म हवा भी अब, गुम हो गयी थी।

आखिरकार हम शहर की छोर पर पहुँच ही गये।

'यह रहा हमारा शहर! पहाड़ों से घिरा! पहाड़ के ऊपर शहर!'

'लेकिन, आपने जो बताया था, उससे तो यहाँ कुछ भी मेल नहीं खाता!'

'आपके पास आँखें नहीं हैं।'

'लेकिन, यह शहर...यह तो...?'

मेरी बात ख़त्म होने से पहले ही, वह शायद सायास ही बोल उठा, 'एक दिन में ही सब कुछ पहचान लेंगे? ख़ैर, वह जो दूर पर, पहाड़ के ऊपर, ईंटें बाहर निकली हुई, विशाल कोठी दिख रही है, काफी पुराने ज़माने की है। कहा जाये, तो हमारे शहर में एकमात्र समूचा मकान वही है। वहीं चले जाइए।'

'कोई कुछ पूछे, तो क्या कहूँगा?'

'कोई कुछ नहीं कहेगा, कुछ पूछेगा भी नहीं। फिर भी अगर कोई पूछे, तो न हो, मेरा नाम ही ले लीजिएगा।'

यह कहते-कहते वह शख़्स कई क़दम आगे बढ़ गया।

मैंने हल्की-सी ऊँची आवाज़ में पूछा, 'आपका नाम?'

'मृत्युंजय! और आपका?'

एक बार ठुकठुकाते ही, उँगलियों के दबाव से दरवाज़ा खुल गया। कब्ज़े मजबूत ज़रूर थे, मगर जंग लगे हुए थे। दरवाज़ा खोलते समय, कहीं से, सिर्फ कोई यन्त्रणाग्रस्त कातर कराह की आवाज़ मेरे कानों से आ टकरायी।

उस छोटे-से पहाड़ पर, यही एकमात्र मकान खड़ा था। शायद

किसी पुराने-धुराने जमींदार की हवेली रही होगी। चारों तरफ के खँडहरों में, शायद यही एक-अकेला मकान था, जो बमुश्किल ज़िन्दा था।

'अन्दर कोई है?'

दो-दो बार आवाज़ लगाने के बाद भी, कोई जवाब नहीं मिला। बस, ढेर भर आदिम अँधेरे ने मेरी आवाज़ को बार-बार खाली लौटा दिया। मैंने इन्तज़ार नहीं किया। पिछवाड़े का हिस्सा और बाहरी हिस्सा मैं दुबारा झाँककर देख आया! सिर्फ खँडहर ही खँडहर! और खाँव-खाँव करता हुआ, जली-झुलसी विशाल कोठी का निचाट अकेलापन, जो दूर-दिगन्त की सीमा तक गूँज रहा था।

दरवाज़ा जिस हाल में था, मैंने अन्दर जाकर उसी तरह उढ़का दिया। दरवाज़े की फटी दरार से, तेज़-धार छुरी की तरह, रोशनी की एक महीन-सी लकीर अन्दर आ रही थी।

मुझे लगा कि मैं किसी काँच से घिरे किसी विशाल हॉल-कमरे से होकर गुज़र रहा हूँ। दरवाज़ा और चौखट पार करते ही, सामने एक कॉरीडोर, किसी विस्तृत अँधेरे गलियारे जैसी! ज़रूर इसकी दोनों ओर कोई एक या एकाधिक कमरे होंगे और हाथ से टटोलते हुए, मुझे अहसास हुआ कि मेरा अन्दाज़ा ग़लत नहीं था। लेकिन विशाल दरवाज़े अन्दर से बन्द थे।

मैंने काफी ज़ोर से ही कुण्डी खटखटायी। मुझे दुबारा आवाज़ लगानी पड़ी, 'अन्दर कोई है?'

लेकिन, इस बार भी कोई जवाब नहीं मिला। अँधेरे में टटोलते हुए, बायीं तरफ की दीवार पकड़-पकड़कर, मैं चलता गया और अचानक ही मानो किसी शून्य अँधेरे में लड़खड़ाते हुए, ज़ोरदार ठोकर खायी। सिर उठाते ही, कुछ ही दूर पर दरवाज़े के पल्लों की दरार से, रोशनी की महीन-सी रेखा पर नज़र पड़ी। सामने फैले दरवाज़ाहीन अँधेरे कमरे की दहलीज़ पार करके, मैंने उस रोशनी को

छूने की कोशिश की। मैंने वह दरवाज़ा खट से खोल दिया। वह कमरा निहायत छोटा नहीं था। सीलनभरी एक वीभत्स गन्ध मेरी नाक से आ टकरायी। फर्श पर धूल जमी हुई थी, लेकिन कमरा काफी साफ़-सुथरा था, लेकिन वहाँ कोई रहता है, ऐसा नहीं लगा।

कमरे में काफी पुराने-धुराने ज़माने के लकड़ी के असबाब-पलँग, जिस पर लाल बेलबेट की चादर बिछी हुई! बिस्तर के कोने में एक पर एक लदे, एक ही कपड़े की तोशक-तकिये, नक्काशीदार फैशनेबल एक कुर्सी समेत स्थित एक मेज़ पर बत्तीदान! बत्तीदान में मोमबत्ती जलती हुई! उस बत्ती के आलोक में स्पष्ट नज़र आया, बिस्तर के ऊपर सीलिंग से एक आतिशदान झूलता हुआ! आतिशदान धूल-जाले से अँटा हुआ!

एक चमगादड़ गोल-गोल चक्कर लगाते हुए, कमरे से बाहर उड़ गया।

'आप शायद अभी-अभी पहुँचे हैं?'

'हाँ, लेकिन कौन? कौन हैं आप?'

'मैं...'

अँधेरे कमरे में एक शरीरी प्रेतछाया, दरवाज़े से ज़रा भीतर! बत्तीदान उठाकर, उस शरीरी छाया के सामने पहुँचते ही एक जवान औरत नज़र आयी।

उजले-साँवले वर्ण की उस जवान औरत ने सवाल किया, 'आप शायद अभी-अभी पहुँचे हैं?'

'बस, ज़रा देर पहले लेकिन आपको...?'

'मुझे आपने नहीं पहचाना?'

'नहीं, तो!'

इसके बावजूद, मैं कुछेक पल के लिए, अपनी अतल गहराइयों में डूब गया।

'ज़िन्दगी में मैंने आपको कभी नहीं देखा।'

'कभी याद भी नहीं किया?' यह कहते हुए, उस औरत की

आँखें, मेरी आँखों से आ टकरायीं।

बत्तीदान समेत मैं उस औरत के और करीब चला आया। रोशनी में कमरे के असबाब और उस औरत के चेहरे का रंग तथा बत्ती की झुटपुटी लौ में मिला-जुला बचा-खुचा गाढ़ा अँधेरा—इस पूरे माहौल में उस औरत का चेहरा भयंकर उदास नज़र आया और चेहरे पर ज़मी टुकड़े-टुकड़े उदासी, थकी-थकी आँखें और उन आँखों में अन्तहीन जिज्ञासा—!

'आपको ज़रूर कहीं, कोई ग़लतफहमी हो रही है—' मैंने कहा।

'नहीं, नहीं, हम दोनों में से किसी को भी आमने-सामने मिलने या याद रखने लायक मौका नहीं मिला। यह सम्भव ही नहीं था।'

औरत के होठों पर क्षीण-सी एक अस्फुट मुस्कान की रेखा झलक उठी। उसने अपनी पलकें झुका लीं।

'ख़ैर, छोड़िए, ये बातें! यह कमरा आपको पसन्द आया? अगर न भी आया हो, तो और कोई उपाय भी नहीं है। बाकी कमरे जिस हाल में हैं, उनमें रहते, तो आपको परेशानी होती। 'इसके अलावा मुझे इतनी देर से ख़बर मिली, तब इससे ज़्यादा कोई इन्तज़ाम करना भी सम्भव नहीं था। अब, देखिए न, इस कमरे की फर्श तक की साफ़-सफाई का मौका नहीं मिला। हंः, कमरे की फर्श पर इतनी धूल बिछी है कि इस पर क़दम रखते हुए भी हिकारत होती है।'

'मैं आऊँगा, आप जानती थीं?'

'सुना था!'

'आपसे किसने कहा?'

'क्यों? मृत्युंजय ने!'

'ओ...अच्छा!'

बत्तीदान, उस औरत के चेहरे से हटाकर, मैंने फिर मेज़ पर

रख दिया। उसकी देह भी धीरे-धीरे धुँधली हो आयी, कैसी तो काली-काली छाया की तरह!

मैंने पलँग पर ही आसन जमाते हुए कहा, 'लेकिन, मृत्युंजय ने आपको ख़बर कब दी? अभी कुछ ही देर पहले तो हमने एक-दूसरे से विदा ली थी। आप लोगों के शहर में, वही तो मुझे पहुँचा गया।'

'तभी ही! उसी वक्त!'

'बेहद विचित्र इन्सान है वह। इतनी जल्दी, वह यहाँ पहुँचा कैसे? शहर में क़दम रखते ही, उसने तो उँगली के इशारे से, सुदूर पर पहाड़ पर स्थित यह जगह दिखा दी। वैसे काफी धुँधलके में भी यहाँ एक कोठी मौजूद है, यह तो समझ में आ गया। उसके बाद, पल भर में ही वह सशरीर ग़ायब हो गया, करीब ही एक ऊँची ढलान पर अन्तर्धान हो गया।

'अच्छा, यह बात है?' उस औरत के चेहरे पर दबी-दबी खिलखिलाहट सुनायी दी, 'पता है, हम मज़ाक-मज़ाक में उसे क्या कहते हैं? हवा!'

'नहीं, काफी अजीबोग़रीब इनसान है वह! वैसे मेरी तरफ से उन्हें अशेष धन्यवाद! मुझे इतनी दूर तक राह दिखाते हुए ले आये। लेकिन, इतनी दूर तक जब आये ही थे, तो मुझे यहाँ तक भी पहुँचा जाते।'

'वह वैसा ही है। जितना जरूरी है, वह उतनी ही मदद करता है, उससे ज़्यादा नहीं। इसके अलावा यह भी हो सकता है कि वह न चाहता हो कि आप यहाँ पहुँचकर, फिजूल ही खड़े रहें।' यह कहते-कहते, उस महिला ने अपनी कुर्सी ज़रा आगे खींच ली और आड़ी-तिरछी मुद्रा में, बैठ गयी। उसने अपना सिर भी ज़रा झुका रखा था।

रोशनी में उसका चेहरा काफी पीला, कैसा तो फक्क नज़र आया। ऐसा लग रहा था कि उसी त्वचा बिल्कुल रक्तशून्य हो

आयी है, हालाँकि उसका चेहरा चाँद की रुपहली रोशनी की तरह स्निग्ध, कोमल थी; आँखों में बहुत दिनों की थकान और उदासी घुलीमिली थी।

हम दोनों ही कुछेक पल के लिए ख़ामोश बैठे रहे।

'तब, आप कहीं आस-पास ही...लेकिन आते हुए किसी रिहायशी बस्ती...यहाँ तक कि किसी एक आदमजात पर भी मेरी नज़र नहीं पड़ी।'

औरत ने मधुर मुस्कान के साथ जवाब दिया, 'मुझे आप कहीं बाहर, कहाँ से देखेंगे? मैं तो यहीं रहती हूँ।'

'आप यहीं रहती हैं? लेकिन...मैं और किसी का नाम तो जानता नहीं, मृत्युंजय ने भी इस बारे में मुझे कुछ नहीं बताया... आपके सदर दरवाज़े पर, मैं इतनी ज़ोर-ज़ोर से आवाज़ें देता रहा, लेकिन कहाँ, किसी ने भी जवाब नहीं दिया।'

'आपने आवाज़ लगायी थी? मुमकिन है, मैं आस-पास नहीं थी। देख तो रहे हैं...इतनी हक्कानी कोठी...'

'उफ! यहाँ किस क़दर अँधेरा है!'

'आदत पड़ चुकी है। आपको भी पड़ जायेगी।'

'इस समूची कोठी में आप अकेली ही रहती हैं?'

'हाँ, ऐसा ही कह लें। सब कुछ मुझे खुद ही देखना होता है; सारा कुछ अपने हाथों से ही करना पड़ता है।' औरत के होठों पर सलज्ज मुस्कान खिल उठी, 'ख़ैर, छोड़ें, आप जब आ ही गये हैं, तो आपके लिए कुछ बना-वना दूँ।'

'नहीं, नहीं, रहने दें! धन्यवाद! असल में मुझे बे-हद...'

'उफ!' औरत ने दबे-दबे, अस्फुट आर्तनाद के साथ, अपने दोनों कानों पर हाथ रख लिया और पलक झपकते उसकी आँखें बुझ आयीं, 'असल में मुझे भी बे-हद...' अपनी बात पूरी करने से पहले ही वह हाँफने लगी।

'माफ कीजिएगा, कहीं अनजाने में मैंने आपका दिल तो नहीं

दुखा दिया?'

'ना, ना, ऐसी बात नहीं है–' उस औरत ने दबी-दबी आवाज़ में जवाब दिया, 'मृत्युंजय ने आपसे कुछ नहीं कहा?'

'हाँ, आते समय, उसके साथ ढेरों बातें हुईं...लेकिन, क्यों, बतायें तो?'

'तुम्हारी आवाज़ काफी मोटी और गहरी है...हाँ, तो इस बारे में उसने तुम्हें कोई जानकारी नहीं दी?'

'मृत्युं-जय? ना...अरे हाँ, इस किस्म की किसी बात का उसने ज़िक्र ज़रूर किया था कि शहर के अधिकांश लोग या तो धीमे-धीमे या फुसफुसाकर बात करने और सुनने के अभ्यस्त हैं।'

वह औरत धीरे-धीरे स्वाभाविक हो आयी। उसने अपने दोनों हाथ पहले की तरह ही, अपनी जाँघ और सामने की मेज़ पर रख लिया।

'इस शहर की यही रीत है। आमतौर पर इस शहर के सभी शरीफ लोग इस रीत को मानते रहे हैं', तुम्हारी तरह, जब मैंने भी यहाँ पहली बार क़दम रखा था, तब मुझे बेहद परेशानी हुई थी, लेकिन उसके बाद इन सबकी आदत पड़ गयी। तुम्हें भी आदत पड़ जायेगी। भले 'लोग इसी लहजे में बातें करते हैं।'

'यानी यह, यहाँ का संस्कार है?'

'हाँ, कह सकते हो...ख़ैर, छोड़ो, मैं जो कह रही थी, तुम्हारे लिए कुछ तैयार-वैयार कर दूँ।'

'नहीं, छोड़ें! खाने से ज़्यादा सोना, इस वक्त ज़्यादा ज़रूरी है–' अगले ही पल, मैंने एक लम्बी उसाँस भरी, 'भयंकर थकान लग रही है! भयंकर!'

'खाने को मना कर रहे हो? चलो, ज़बर्दस्ती नहीं करूँगी। थकान लग रही है, तो सो जाओ! अभी, इसी वक्त! यहाँ का यही नियम है। रहने दो, अब मैं चलूँ? तुम्हें परेशानी होगी।' यह कहते-कहते वह उठ खड़ी हुई।

'ठीक है! लेकिन...दो मिनट तो रुक जायें–'

औरत दुबारा उसी कुर्सी पर बैठ गयी, पहले की तरह ही। कैसी तो गुमसुम, स्तब्ध! उसकी प्रश्वास की गर्म हवा का आघात, बत्ती की आलोकशिखा पर आ पड़ा। उस पीली पृष्ठभूमि में, औरत के चेहरे पर हल्की-सी लहर खेल गयी।

ऐसा लगा, जैसे अचानक ही हम दोनों बातों में खो बैठे हैं। मैंने खुद भी एक लम्बी उसाँस भरी। हाँ, उस औरत को भी लम्बी उसाँस भरते सुना था।

'सुनो, तुम्हारे यहाँ आने की वजह क्या है?' थोड़ा ठहरकर, उस औरत ने दरयाफ़्त किया, 'लो, देखो, मैं तभी से तुम्हें 'तुम', 'तुम' किये जा रही हूँ–'

'ठीक है! ठीक है! मुझे बुरा नहीं लग रहा है।' यह कहते-कहते मैं हँस पड़ा।

सच तो यह है कि मैं खुद भी उससे, उसी लहजे में बातें करना चाहता था।

'ख़ैर, छोड़ो! हाँ, तो जो बात मैं तुमसे पूछ रही थी, मृत्युंजय ने तुम्हें कुछ नहीं बताया?'

'बताया न, उस बन्दे से ज़रूरत के बाहर कोई भी उम्मीद करना फिजूल है। बाद में भले बता दे!'

'असल में, मेरी माँ...' कुछेक पल ख़ामोश रहने के बाद, मैंने फिर कहा, 'अर्सा पहले, मेरी माँ गुम हो गयी थी...'

'ओ, ओ! अच्छा? तो तुम्हें कैसे पता चला कि तुम्हारी माँ यहीं हैं?'

'मैंने बहुतों को यह कहते सुना...मुमकिन है, वह यहीं हो–'

यह मत सोच लेना कि यह शहर काफी छोटा है। इतना बड़ा शहर है। तुम अपनी माँ को कहाँ खोजोगे?'

'ख़ैर, खोजना तो मुझे होगा ही! जितने दिन मेरे लिए सम्भव होगा, मैं खोजता रहूँगा।'

'क्या नाम है, तुम्हारी माँ का?'

'माफ़ कीजिएगा, अपनी माँ का नाम मैं नहीं बता पाऊँगा। सभी लोग उन्हें 'मेरी माँ', 'तुम्हारी माँ', 'तेरी माँ' कहकर ही बुलाते थे। बस, इतना भर सुना है कि मेरे चेहरे की गढ़न, हू-ब-हू मेरी माँ जैसी है।'

'वैसे तुमने कोई ग़लती नहीं की। बहुतेरे गुमशुदा लोग यहीं चले आते हैं। हाँ, तुम शायद यह बात ठीक तरह नहीं जानते थे।'

'मुझे उसे खोज निकालना होगा, चाहे जैसे भी हो...'

'क्या तुम्हें जानकारी है कि खो जाने के समय, तुम्हारी माँ के मन में तुम्हारा ख़याल था या नहीं?'

'यह तो मैं नहीं बता सकता। लेकिन खो जाने के बाद, काफी दिनों तक वह मेरे साथ आँखमिचौनी खेलती रही—चाँदनी रातों में, भोर के कुहासे में, आसमान के इन्द्रधनुष में...'

'वाह, तुम तो कविताई करने लगे। ठीक है, अब मैं चलती हूँ। तुम बेहद थके हुए हो। रात होने में अभी काफी देर है। तुम एक गहरी नींद ले लो। तुमने कुछ खाया नहीं, यह सोचकर बुरा लग रहा है।'

वह औरत उठ खड़ी हुई।

'सुनो, जब नींद टूटे, तो मेरा नाम लेकर, आवाज़ देना—तृषा! काफी धीमी आवाज़ में भी पुकारोगे, तो चलेगा। मैं आ जाऊँगी। तुम्हें कोई असुविधा नहीं होगी। मैं यहीं रहती हूँ।'

इसके बाद, उसने फूँक मारकर बत्ती बुझा दी।

'तृ...षा...!'

मेरी आवाज़ अँधेरे के साथ घुल-मिलकर, मानो धूल बन गयी। मुझे बेहद थकान लग रही थी...अँधियारे की तरह...।

दीये की बाती का आखिरी आलोक बिन्दु भी अँधेरे ने अभी-अभी कुचल डाला। धुआँ किसी साँप की कुंडली की तरह, धीरे-धीरे ऊपर उठता रहा। उस धुएँ ने धीरे-धीरे समूचे कमरे को निगल लिया, मुझे भी ग्रस लिया। मुझे लगा, मेरा समूचा अस्तित्व अब धुआँ बन

गया है, मेरा तन-बदन भी धुआँ-धुआँ हो गया। वह औरत दूर होती जा रही थी। शायद इसीलिए मुझे ऐसा लग रह था। उसके कदमों की आहट में भी मानो साँप की फूत्कार गूँज रही थी—हिस् हिस्स, हिस्स हिस्सऽऽऽऽ

वह औरत कहीं दुबारा तो वापस नहीं आ रही है? अगर लौट आये, तो...

'कहों? सो गये? तुम्हें एक बार फिर डिस्टर्ब कर रही हूँ। देखो न, मैं भी कैसी भुलक्कड़ हूँ। तुम्हारा नाम तक भूल गयी मैं! क्या नाम है तुम्हारा...?'

'कुहासे पर कुहासे की पर्त! सब कुछ निस्तेज नींद का कुहासा! तमाम स्मृतियाँ मानो काली-काली, उजले नक्षत्रों की तरह! कुहासे का श्वेत जिल्द जैसी! उम्र बढ़ गयी, मगर उनका रंग नहीं बदला, जी! सारा का सारा अँधेरा इतिहास? मानो हज़ारों-हज़ारों सालों की जली-झुलसी सभ्यता हो।'

'लो, देखो, शुरू हो गया...'

'बिल्कुल समय से...'

'बाप रे! मानो दानव हों!'

'दानव भी भूख लगने पर यूँ नहीं चीखते-चिल्लाते!'

'कमरे में शाम को सिर्फ मैं और माँ नहीं थे, इसीलिए देखने से ज़रा चूक गया।'

'क्या देखना था?'

'कुछ दिया-दिलाया नहीं?'

'हाय माँ, यह किसने कहा? वे लोग उस कमरे में एक साथ मिलकर खेल-कूद रहे थे और वह अपने में डूबी थी। अचानक रुलाई की आवाज़ सुनायी देने लगी। उस वक़्त मैं उसकी गोद में गया ही था। ऐसी स्थिति में मैंने किसी तरह अंजलि को आवाज़ दी—

'कहीं वही तो नहीं रो रहा है? क्यों, री?'

'वे लोग खेल रहे हैं। वह पीछे से आ धमका और लूडो की गुट्टी लेकर भाग रहा था।'

'तूने उसे डपट नहीं दिया? ज़ोर से एक घुड़की लगाती।'

'अपने खेल में ही तो रमा हुआ था...तभी वह रूबू, हाथ से उसे छुड़ाने लगा कि उसके कन्धे पर उसने ज़ोर से दाँत गड़ा दिया। रूबू ने भी उसके पिछाड़ी पर ज़ोर का थप्पड़ कस दिया। उसके बाद, मैंने अंजलि को आवाज़ देकर कहा कि तू एक काम कर! घर में चनाचूर हो, तो भला है, वरना तेल-मुरमुरे देकर, उसे ज़रा बिठा दे।'

'उसने तेल-मुरमुरे दिया?'

'मैं तो नल के नीचे से उठकर, सीधे ठाकुरघर में चली गयी। दिया था या नहीं, मुझे याद नहीं। हाँ-हाँ, दिया था। याद आया, जाते-जाते मैंने उस कमरे में झाँका था। उसके सामने फूल का एक कटोरा रखा हुआ था।

'फिर...?'

'बार-बार उसे भूख लग आये, तो क्या उपाय?'

'एइ, धीरे बोल, माँ कहीं सुन न ले—'

दोनों फूफियों की आवाज़ अचानक चढ़ गयी।

'तेरी न, दिनोंदिन बुद्धि भ्रष्ट होती जा रही है। ला, दे, उस सिरे से, वह लाल धागा, इधर बढ़ा दे।'

'ले, पकड़।'

'बूकी, एइ बूकी, बूकी...'

'जा, माँ बुला रही है, जवाब तो दे—'

'बूकी...'

'आती हूँ! क्या बात है? क्यों बुला रही हो?'

'कह दे, काम कर रही हूँ। बाप रे बाप, उठते-बैठते आवाज़ें पर आवाजें लगाती हैं। अभी तो कुछ देर पहले ही...फिर पुकार! जा, देख, क्या कहती है—'

'बूकी...एइ बूकी...'

'आती हूँ, बाप, आती हूँ! कहा तो, आ रही हूँ। इतना चिल्ला क्यों रही हो? यहाँ भी तो कोई काम कर रही हूँ! आती हूँ! (उफ! जो भी हो, कम से कम बूकी बुआ, किसी हाल में भी साँड़ नहीं थी)।

'पूछ क्या रही है? देख न, बच्चा रो क्यों रहा है?'

'हुंहः जैसे हर किसी की लौंडी लगी है! जा, देख!'

'जाती हूँ, बाबा, जाती हूँ–'

'क्यों, री, क्या हुआ है?'

'पता नहीं, बाबा, रीनी के साथ जाने किस बात पर ठन गयी है।'

'अब, किस बात पर ठन गयी?'

'पता नहीं...रीनी की किताब या कलम...जाने क्या तो खींच-तान कर रहा था। रीनी ने शायद...'

'रुक जा, बताती हूँ मैं रीनी को...रीनी...एइ रीनी...'

'आती हूँ, रुको!'

'जल्दी...मेरी बात सुन जा!'

'बोलो! क्या बोलना है?'

'क्या हुआ है? वह रो क्यों रहा है?'

'देखो न, मैं होम-टास्क कर रही थी। मेरी नयी कलम...मुझसे छीन ली और फर्श पर घिस रहा था। मैंने भी ज़ोर से छीन लिया! अचानक उसने तड़ से एक तमाचा जमा दिया।'

'इसलिए तुमने भी उस पर हाथ उठा दिया।'

'मैंने कहाँ हाथ उठाया? बुकी मौसी, तुम बताओ, मैंने उस पर हाथ उठाया था?'

'हाथ नहीं उठाया, तो वह एकदम से रोया क्यों?'

'बुकी मौसी, अब तुम ही समझाओ माँ को। उसके कमरे के सामने से गुज़रते हुए, तुमने देखा नहीं था?'

'नहीं, री, दी, इसने हाथ नहीं उठाया।'

'मैं अपनी कलम चाहे कितनी दूर हटाकर रख दूँ, उसके दोनों छुटके-छुटके हाथों से...मइया रे...कितनी ताकत है उसमें मैंने भी धक्का मारकर, उसे हटा दिया।'

'हटाया भी क्यों? उसके बाप से क्यों नहीं कहा?'

'मझले मामा तो कमरे में नहीं थे। ज़रा देर पहले, उसे बिठाकर, जाने कहाँ तो निकल गये।'

'अच्छा, तुम जाओ, और हाँ, सुनो–'

'अब, क्या है?'

'तुम्हारे लिए फ्रॉक नहीं ख़रीदी गयी? इस तरह अधनंगों की तरह बनियान और जाँघिया पहने क्यों घूम रही हो?'

'गर्मी लगती है–'

'गर्मी लगती है? लाज-शरम की कोई बला नहीं। जूते मार-मारकर मुँह तोड़ देना चाहिए...इतनी रात हो गयी, बाल क्यों नहीं सँवारे?... जा, मेरे सामने से हट जा! निकल जा! बदतमीज लड़की!'

'जैसे ही बच्चे का बाप उसके सामने से बाहर चला गया, वैसे ही...'

'बड़ों के सामने भीगी बिलैया बना रहता है, समझीं' दी। उस वक्त भी वही हुआ! जितनी देर मैं सामने थी, अपने खेल में रमा हुआ था। जैसे ही मैं ताल की तरफ चली गयी, वैसे ही अंजलि की जुबानी सुनने को मिला...'

'अरे, वह निरा शातिर शैतान है!'

'पता है, दी, उस दिन वह गुस्से में उफनता हुआ मुझे काटने दौड़ा, मैंने भी कसकर उसके गाल पर चाँटा जमा दिया।'

'ए-इ, बच्चों के गाल पर मारना, ग़लत बात है। गाल कभी न छूना, मुझे बिल्कुल पसन्द नहीं है। जाने कब तो उसे बेमुक्का लग-लगा जाये। काटने आये, तो मुँह पर टक्की मार देना या फिर पछाड़ी या पाँव पर मारना...'

'तेरे बच्चे ऐसे नहीं थे...'

'नहीं, री, बड़का बेटा ज़रा-मनी ऐसा ही था। तुझे याद नहीं, बेर खाकर, बेर का बीज, लोगों पर फेंकता रहता था। बस, यही शरारत...रूबू तो गोद से ही बेहद गम्भीर और शान्त था। इस रीनी का क्या मामला है, बता तो? रीनी सबका प्यार लूटती थी। इसीलिए हर मामले में उसे बढ़ावा मिल जाता था और उसकी जुबान पर कैसी पकी-पकी बाते होती थीं...

'बहरहाल, यह तो महा-खुराफाती है।'

'ख़ैर, छोड़, माँ को बता दिया न।'

'कहा न कि बता दिया। लेकिन वह इस क़दर रो क्यों रहा है? कहीं उसे भूख तो नहीं लगी?'

'कहा न, रीनी के साथ कुछ हुआ है! उसके बप्पा कहाँ हैं?'

'मझले भइया तो कहीं सामने दिखायी नहीं दिये।'

'एक ही बात है! सई-साँझ बेटे को छोड़कर, जाने कहाँ, किससे मिलने की सनक सवार हो गयी।'

'पता नहीं! मेरे सामने नहीं पड़े।'

यही तो मुसीबत है। सई-साँझ बेटे को छोड़कर, जाने किससे कहाँ मिलने की हुड़क पड़ गयी!'

'पता नहीं! मैं सामने नहीं थी।'

'तू लोग कर क्या रही थी? ज़रा देख नहीं सकती थी?'

'वो, उस तरफ के बरामदे में, दी, हवा में बैठी-बैठी सिलाई कर रही थी। हम दोनों वहाँ बातें कर रही थीं।'

'दी, तो अपने ही तीनों को सँभालते-सँभालते हलाकान रहती है। उस पर से...'

'माँ ने क्या कहा, मालूम? कहा—अहा रे, बच्चा ही तो है। बिचारे को भूख लगी होगी। तभी यूँ बिलबिला रहा है। ख़ैर, तू जा, पाँच मिनट बाद आ जाना! मैंने भात अभी-अभी उतारा है। ज़रा ठण्डा हो ले—'

'मैं भी अभी-अभी उस कमरे के सामने से आ रही हूँ। मैंने देखा वह अपने हाथों से मुँह ढाँके, उल्टे मुँह फर्श पर पड़ा है और गौंगिया रहा है। मैंने उससे कहा भी, चल, मेरे साथ। उधर बैठकर बातें करेंगे। मैं उसे उठाने ही जा रही थी कि उसने अपना बदन कड़ा कर लिया और मेरा हाथ झटक दिया।'

'नहीं आया, तो बैठा रहे!'

'कहना नहीं चाहिए, इतना खाता-पीता है, फिर भी देह नहीं बढ़ती। कौन कहेगा कि वह पाँच बरस का है?'

'माँऽऽऽऽ...!'

'क्या हुआ, बूबू, तू फिर...?'

'नानी ने उसके लिए भात परोसा है, बुला रही है। बूकी बुआ के हाथों वह खाना ही नहीं चाहता। मझले मामा भी नहीं हैं। मैं खिला दूँ? मेरे पास रहेगा, तो रोयेगा नहीं, ठीक से खा लेगा।'

'तेरा होम-वर्क पूरा हो गया, बूबू?'

बूबू की माँ की चीत्कार सुनकर, उस दिन ज़रूर तमाम मरे हुए लोग जाग उठे होंगे!

कमरे का दरवाज़ा खोलने की एक कमज़ोर-सी, दबी-दबी आवाज़ सुनायी दी!

'कौन? तृषा?'

'मैं आ गयी हूँ। हाँ, बोलो!'

'तुम कहाँ हो?'

'यहीं, तुम्हारे बिल्कुल क़रीब!'

'मैं तुम्हें देख नहीं पा रहा हूँ। बत्ती जला दो।'

'लेकिन, मुझे अँधेरा अच्छा लगता है।'

'तब, रहने दो!'

'तुम्हें अँधेरा अच्छा नहीं लगता?'

'तुम' कहना, बहुत भला लग रहा है।'

'भला लग रहा है? लेकिन रोशनी बिना देखोगे कैसे?'

'किसे?'

'क्यों? मुझे!'

'लगता है, मेरे अन्दर की रोशनी ने शायद तुम्हारे दर्शन करा दिये हैं। मुझे सब कुछ बख़ूबी याद आ गया है...'

'तो फिर मुझे देख क्यों नहीं रहे हो?'

'तुम्हारा वह चेहरा, अतिशय उदास...बुझा-बुझा-सा है।'

'तुम मुझे ऐसे क्यों देख रहे हो?'

'अँधेरे में तुम ऐसी ही थीं–'

'मैं तो अँधेरे की ही जीव हूँ। अपने भीतर के अलावा, अपना सारा कुछ बेहद अस्तित्वहीन लगता है। लेकिन...'

'तब, बत्ती जला दो। जब चाहती हो, तो काफी दिनों बाद, तुम्हें ज़रा जी भर निहारूँ।'

कमरे के अँधेरी अमावस्या में तृषा का चेहरा, पूर्णिमा के चाँद जैसा तैर गया। तृषा मानो अँधेरे की ही कोख से पैदा हुई हो–आज भी अविकल और अविकृत हो।

'इस वक्त कौन-सा समय है?'

'दिन ढल चुका है, अब रात हो चुकी है।'

'अच्छा, अच्छा, इसीलिए नींद टूट गयी। तुम भी शायद सो रही थीं?'

'शा-य-द!' तृषा ने एक लम्बी उसाँस ली।

'शायद क्यों? इसका मतलब यह हुआ कि मेरी ही वजह से तुम्हें ठीक तरह नींद नहीं आयी?'

'किसने कहा? मेरी नींद बस, इतनी ही भर थी, जब तक तुमने आवाज़ नहीं दी।'

'अगर न बुलाता, तो क्या तुम नहीं आतीं?'

कोई उत्तर देने के बजाय उस औरत ने तीन बार सिर हिला दिया! बेहद शान्त भंगिमा में! मन्द-मन्द बयार में सूखे-मरे पत्ते की तरह! उसके कानों के झुमकों से बेहद क्षीण, लेकिन अस्थिर मर्मर

जैसी अस्फुट यन्त्रणाकातर-सी आवाज़ गूँज उठी! कमरे में मानो महाशून्य की स्तब्धता ठहरी हुई थी।

'हमारा शहर नहीं देखोगे?'

'तो वह खिड़की खोल दो।'

खिड़की की सलाखों से आती हुई तीखी-बर्फीली हवा अभी-अभी मुझसे चिपट गयी। आसमान में गोलाकार चन्द्र उग आया। गला दबाकर, मार डाले गये इनसान की आँखों की तरह! चाँदनी के मायावी आलोक की तरह काफी अस्पष्ट, फिर भी दिन के उजाले की तरह स्पष्ट नज़र आ रहा था।

'वोऽ...वो जो मकान है, वहाँ चलता-फिरता एक इनसान नज़र आ रहा है।'

'हाँ, मैं तुमसे उसी के बारे में बात कर रही थी! बूढ़ा जैसा...'

'तुम उन्हें पहचानती हो?'

'भला पहचानूँगी नहीं? वे मेरे सबसे करीब रहते हैं।'

'क्या नाम है?'

'यह मुझे नहीं मालूम! किसी दिन जानने की ज़रूरत ही नहीं पड़ी। उन्हें भी बताने की ज़रूरत नहीं पड़ी। लेकिन, वे यहाँ काफी ज़माने से रहते हैं। मुझसे बहुत पहले से ही—'

'तब तो वे ज़रूर मेरी माँ को पहचानते होंगे?'

'मुमकिन है, पहचानते हों! तुम खुद जाकर, एक बार पता कर सकते हो। जहाँ तक मुझे जानकारी है, वह आदमी ज़रा पागल किस्म का है।'

'अकेले ही रहते हैं?'

'अकेले ही...'

'तुम सब क्या इसी तरह अकेले-अकेले रहते हो?'

'हाँ, ऐसा कह सकते हो। सभी लोग! लेकिन, कोई-कोई नहीं भी रहता।'

'बड़ी ठण्ड लग रही है।'

'कोई गर्म कपड़ा नहीं लाये? वह देखो, ऊपर के ताखे पर, मैंने तुम्हारा बैग उठाकर रख दिया है।'

उस झुटपुटे अँधेरे में टटोल-टटोलकर, मैंने बैग खींच लिया और पलँग पर ला रखा।

चेन खोलकर, काले रंग का ऊनी जैकेट पहनते-पहनते, मैंने पूछा, 'तुम्हें ठण्ड नहीं लगती?'

तृषा ने गर्दन हिला दी।

'बाहर से अपने को ठण्डा रखना पड़ता है, वरना अपने भीतर की गरमाहट मैं छू नहीं पाती। उस वक्त बेहद-बे-हद भला लगता है, पता है?'

'वह बूढ़े सज्जन मेरे आने की ख़बर जानते हैं?'

'कहा न, यहाँ कोई, किसी की खोज-ख़बर लेने की ख़ास ज़रूरत नहीं महसूस करता। यहाँ हममें से प्रत्येक का अपनी-अपनी व्यक्तिगत दुनिया है। हर किसी को अपना निजी अतीत और अपने आपमें डूबे रहना, पसन्द है। इससे बाहर कोई भी क़दम नहीं रख सकता। यही यहाँ का भवितव्य है। कह सकते हो, हवा के साथ जितना-सा बहकर आता है, बस, उतना भर सुन या जान सकती हूँ। किसी को अगर कोई अपना परिचित मिल जाये, तो अलग बात है। इसके बावजूद, हर किसी की अपनी-अपनी निजी दुनिया है।'

'तुम्हें क्या लगता है, वह बन्दा मुझसे बात करेगा?'

'मुझे ठीक-ठीक नहीं मालूम! मेरी राय में अगर ज़रूरत न हो, तो वह क्यों, कोई भी उससे बात नहीं करेगा। लेकिन, यह ज़रूर है कि हममें से प्रत्येक के कमरे के दरवाज़े में हल्की-सी दरार होती है या दरवाज़ा उढ़का रहता है। ऐसा हम लोगों ने ही किया है, इसलिए कि अगर कोई हमारे बारे में जानना चाहे। हम सब मन ही मन काफी उत्सुक रहते हैं, वह जुबान से भले व्यक्त न करे...! बहरहाल,

यही सोचकर, तुम भी उस दरवाज़े से आकर घुस जाना। कोई तुम्हें ख़ास मना भी नहीं करेगा।'

'लेकिन...दिन के वक्त, जब मैं आया था, मुझे तो कुछ भी नज़र नहीं आया, यहाँ तक कि लोग! बाग़ भी हाँ, बस, ये कुछेक घर-मकानों को छोड़कर...वह भी ख़ासे पुराने, ध्वंसावशेष को छोड़कर, और किसी बात का आभास नहीं हुआ।'

'सुनो, दिन के आसमान पर तुम्हें तारे नज़र आते हैं?'

मैं समझ गया, वह काफी ख़ामख्याली मुद्रा में बाते कर रही थी, लेकिन अगले ही पल उसने सब कुछ स्पष्ट कर दिया और जैसा कि मैं शुरू से ही गौर करता आ रहा था, उसकी हर बात भयंकर उत्तेजनाहीन, शान्त और संवेदनशील, फिर भी आत्मवेदना से परिपूर्ण था।

'दिन के वक्त तुम घर-मकान, लोग-बाग़, किसी को भी तुम देख नहीं पाओगे। सबके सब भोर के कुहासे में घुल-मिल जाते हैं। हाँ, पुराने ज़माने के कई एक घर-मकान हैं, जिन्हें कुहासा, लाख कोशिशों के बावजूद मिटा नहीं पाये, इसलिए वे सब ही थोड़ा-बहुत नज़र आते हैं। उन्हें ही तुमने भी देखा होगा। कोई ज़िन्दा प्राणी तुम्हें नज़र नहीं आया। असल में हम सब धुएँ में धूलिकण बन जाते हैं।'

'ख़ैर, छोड़ें, उस घर तक जाने की राह...?'

'देखना, उधर तुम्हें एक सड़क नज़र आयेगी, लेकिन सबसे सीधी सड़क है, सामने की उस पथरीली ज़मीन की ऊँची-नीची ढाल पार करके, उन तक पहुँचना।'

'तो फिर मैं ज़रा निकलता हूँ, तुम क्या मेरे साथ चलोगी?'

'मैं कभी भी शहर से बाहर नहीं निकलती।'

'तुम अधूरी जो थीं...'

बूटों की रगड़ से पाँवों तले के कंकड़-पत्थर एकदम से मचमचा

उठे, गाय के थूथन के सहारे तोड़ी गयी घास की यन्त्रणा की तरह! पहाड़ी ज़मीन की छाती पर जहाँ घास का नामोनिशान तक नहीं था, जहाँ घास कभी उगेगी भी नहीं, जहाँ की छाती रोमहीन निर्मम-निरी चट्टान की तरह थी, बस, वहीं मेरे बूट की चरमराहट और आर्तध्वनि व्यंजनामय हो उठी। यह सारा कुछ सिर्फ हम लोगों को ही आलोड़ित करती थी—मुझे, कंकड़-पत्थर, निर्मम चट्टानों को, जो सब किसी न किसी दिन, उन तमाम कंकड़ों की तरह ही झुरझुराकर पाउडर बन जायेंगे। इसके अलावा, किसी ने, यह आवाज़ नहीं सुनी; कभी सुन भी नहीं पायेगा, क्योंकि यहाँ हर किसी की अपनी-अपनी व्यक्तिगत दुनिया है।

कुछ ही दूर से, कमरे के दरवाज़े से करीब दो इंच लम्बे-चौड़े, टुकड़ा भर गाढ़े, तम्बाकू रंग की रोशनी का पर्दा नज़र आया। करीब जाते ही दरवाज़े के दोनों पल्ले ज़रा-ज़रा खुले हुए नज़र आये।

मैंने झिझकते हुए दरवाज़ा खटखटाया। दुबारा फिर...काफी देर तक दरवाज़ा खटखटाता रहा...। उसके बाद, तम्बाकू रंग के पर्दे में, उस वृद्ध सज्जन को आविष्कार किया गया।

उसकी खुली हुई आँखें, कुछ देर मेरे चेहरे पर गड़ी रहीं...।

'आप की क्या...?'

मैंने अपने बारे में बताया।

इसके बावजूद, वह पहले की तरह ही मुझे एकटक घूरता रहा। उसकी निगाहों से छुरी की तेज धार की तरह, कौतूहल झरता रहा। वह वृद्ध शख़्स क्या मेरा, क्या मुझ जैसे किसी इनसान का इन्तज़ार कर रहा था? वैसे उसने जुबान से कुछ नहीं कहा। सिर्फ़ अँधेरे के झुटपुटे में वह ज़रा हटकर खड़ा हो गया और दरवाज़े के खुले पल्ले से नज़र आती हुई तम्बाकू जैसी गाढ़ी रोशनी को ज़रा और चौड़ी कर दी। मैं बेहिचक कमरे के अन्दर घुस गया। उसके बाद, जब उन बूढ़े शख़्स ने दरवाज़े के पल्ले उढ़का दिये, फिर

किसी ताड़ के पेड़ जैसी उनकी एक लम्बी उसाँस सुनायी दी।

बूढ़े सज्जन के सिर का आधा हिस्सा बिल्कुल गंजा था। कान की जुल्फियाँ बर्फ की तरह श्वेत-सफ़ेद! बदन पर रात की पोशाक, जो बदरंग और गन्दा था। गर्दन की गोरी चमड़ी, गाय के गल-कम्बल की तरह, छाती की रुपहली-पकी रोमावली तक झूलती हुई! ऐसा लगा गालों का मांस चेहरे के कंकाल से खिसककर बस, अभी ही गिर पड़ेगा।

उसने आँखों के इशारे से, दूर पड़ी, मैली, गद्देदार कुर्सियों की तरफ बढ़ जाने को कहा।

मेज़ पर जलती हुई रोशनी का उजाला, यहाँ जले हुए रक्तिम वर्ण का रूप लेता हुआ, धीरे-धीरे बादामी हो आया था। इस तरफ की खिड़की अधखुली-सी थी। खिड़की के नीचे, बेहद पुरानी मैली-सी तीन कुर्सियाँ इधर-उधर पड़ी हुई थीं, कुर्सियों पर मैले कपड़ों का ढेर लगा हुआ था। इसके अलावा, कई एक धार्मिक किताबें और पोरसिलिन का टूटा-फूटा फूलदान भी पड़ा हुआ था। मैंने एक कुर्सी से सारे कपड़े उठाकर, बगल में रखे लकड़ी के सन्दूक पर ढेर लगा दिया और उस खाली कुर्सी पर बैठ गया।

वैसे उस वृद्ध सज्जन ने मुझसे कोई बातचीत नहीं की। कमरे में सारी चीज़ें उल्टी-पुल्टी, तहस-नहस हालत में पड़ी हुई थीं। दीवार से 'मांस' की पर्त भर चुकी थी, सारा कुछ मानो ईंट का कंकाल था। जली हुई ईंट से बनी दीवार पर, नसों की तरह बरगद की जटाएँ झूल रही थीं। सीलिंग के कुण्डे से फाँसी की रस्सी झूल रही थी, उसके नीचे एक टूल!

दरवाज़ा उढ़काकर, वे बूढ़े सज्जन लौट आये। कमरे के तमाम पुराने, टूटे असबाब तले, आस-पास की किताबें हटाकर, मैले कपड़े-लत्ते उठा-उठाकर वे जाने क्या तो खोजते रहे।

'मैं क्या किसी तरह से आपकी मदद कर सकता हूँ?' मैंने धीमी आवाज़ में पूछा।

लेकिन उन्होंने मेरी बात पर जैसे कान ही नहीं दिया। मैं काफी देर से उनके पास आया हूँ, मानो यह उनकी सोच का विषय नहीं था। खोयी हुई चीज़ मिल नहीं रही है, इस बात से हैरान-परेशान, मानो वे मेरी उपस्थिति भूल ही गये थे।

कमरे में कभी-कभी बर्फीली हवा हहराकर घुस आती थी और मेरे कानों के करीब से होती हुई, घड़ी की पेण्डुलम की तरह झूलती हुई रस्सी से टकराती रही। ऐसे में...।

कुर्सी से उठकर, मैंने पीछे की खिड़की की सलाखों पर माथा टेक दिया, क्योंकि मेरा सिर चकराने लगा था। जाने किन लोगों की फुसफुसाहट, एकदम से मुखर हो रही थी और अगले ही पल विलीन भी हो जाती थी। हवा के पंखों पर ज़रूर भौंरों की जोड़ी रही होगी—रानी और पुरुष भौंरे!

'मैं...ले आया हूँ—'

'आये हो...या लोभ दिखा रहे हो?'

'यही...इतना ही पहचाना मुझे?"

'मेरे...दो हाथ थे...'

'रहे होंगे...लेकिन अब, तुम्हें...एक ही हाथ की ज़रूरत है।'

'दया करो...मेरा जितना भी था...तुम अगर...तो नहीं चलता?'

'मुझे...गलत न समझो...तुम्हारे लिए...!'

'मेरे...लिए?'

'कहा तो...मैंने किया था...? मुझे...मज़बूर किया गया था...'

'मुझे दोष मत दो...तुम... सोने के लिए तुम्हारी...साँसें कुलबुला रही थीं...तुम जानते थे... उसके पास काफी कुछ...प्रचुर है...'

'मौका...तुम्हें भी नहीं मिला था? ...तुमने क्यों नहीं किया?'

'मेरे विवेक ने...मुझे रोक लिया...'

'आदर्श...तुम्हारी बात पर...मुझे हँसी आ रही है...अब मिल गया मौका? ...करोगे?'

'करूँगा...तुम...?'

'मैं, ...यह सोना था...जूठन!'

अचानक फर्श पर ठन्न से कुछ गिरने की आवाज़ सुनायी दी। उन्होंने गर्दन मोड़कर पीछे देखा! ओह! पेनिसिलिन का वही फूलदान! अगले ही पल बूढ़े महोदय की आँखें मेरे चेहरे पर स्थिर हो गयीं। लगभग अँधियारे में, उनकी धुँधलायी आँखें, बिल्ली की आँखों की तरह चमक रही थीं।

मैं उनके सामने बढ़ आया।

मैंने बेहद धीमी आवाज़ में फुसफुसाकर कहा, 'मैं आया हूँ... अपनी माँ के लिए...कुछ दिनों पहले...मेरी माँ खो गयी...आपने अगर मेरी माँ को...'

मेरी बात ख़त्म होते न होते, वे बूढ़े महोदय फिर अपनी दुनिया में डूब गये। मैंने बस, अपनी लम्बी उसाँस भर सुनी थी, किसी लम्बी-सी प्रेत-छाया की तरह और मेरा सकुचाया मन भी काफी देर तक कुर्सी पर बैठा रहा।

मुझे अहसास हो रहा था, बाहर से बर्फीली हवा, मुझ तक दुबारा आने लगी है, हालाँकि अब उस हवा ने भौंरों की कोई गुनगुनाहट नहीं सुनायी; सिर्फ उनके अदृश्य पंख, फाँसी की रस्सी को हवा दे रहे थे। फाँसी की रस्सी, अब ज़रा-ज़रा झूला झूल रही थी...

मेज़ पर बिछे काँच पर बाती की शिखा, सिर्फ लम्बी होकर जल रही थी। वह बिजली की तरह ही रह-रहकर कौंध रही थी। कमरे की छायाएँ और अपार्थिव निःशब्दता भी रह-रहकर हिल उठती थीं। अभी, कुछ ही देर में यह उजाला, अँधेरे में विलीन हो जायेगा! बिल्कुल विलीन हो जायेगा, क्योंकि अँधेरे का सागर सदा से ही इसी तरह अकिंचन उजाले को निगलता आया है।

मैं कुर्सी से उठ खड़ा हुआ और दुबारा खिड़की की तरफ पहुँच गया। ऐसा लगा, रात अपने अन्तिम साँसों में है। चाँदनी का पीला आसमान धीरे-धीरे फक्क, रक्तशून्य होता जा रहा था। अब कुछेक

पलों में ही, रात, कुहासे के आँचल तले ढँक जाने वाली थी! कुहासा! धुँधलका! मुझे तुमसे बेहद डर लगता है!

रोशनी मर चुकी थी। टूल गिरने की आवाज़ सुनायी दी, दबी-दबी आवाज़, मानो काफी दूर से आती हुई! वह बूढ़ा झूल रहा था...फाँसी की रस्सी से झूल रहा था।

कुछ ही देर में रात ख़त्म हो जायेगी! अँधेरे के दिगन्त से कुहासा दौड़ते चले आ रहे थे, किसी दानव की तरह!...अभी, कुछेक पलों में ही, यह कुहासा सारा कुछ लील लेगा...ज़रूर निगल लेगा, जैसे इसने कई-कई हज़ारों की किसी सभ्यता को निगल डाला था और मुझे भी...!

'मुझे बे-हद नींद आ रही है। अब, सभी सो जायेंगे—स-भी! कुछ ही देर में, जब उज़ाले की मूसलाधार बारिश झरने लगेगी, तब स्मृतियाँ लाल-नीले कंचों की तरह जगमगा उठेंगी, क्योंकि उजाले में वे सब अमर हैं! उजाला ही उनकी प्राणशक्ति है और उजाले में ही वे सब अन्दर ही अन्दर चिटखकर, हँसती-खिलखिलाती हुई खिल उठेंगी। कोई नहीं जान पायेगा कि स्मृतियों के अलावा, सारा कुछ अँधेरे की इन्द्रधनुष हैं! इन्द्रधनुषों का अँधेरा।'

'कौ...न है, रे?'
'मैं हूँ, री, दरवाज़ा खोल!'
'कौन, माँऽऽऽ?'
'हाँ, री!'
'उफ! अब, फिर क्या हो गया?'
'ओफ ओ! ज़रा खोल तो सही!'
'रुको, आती हूँ।'
'बहुत रोया है, आज ज़रा सँभाल ले।'
'क्यों? रोया क्यों है?'

'रोया क्यों है? तेरा विवेक क्या कहता है?'

'नहीं...मेरा मतलब है...

'दिन भर में, कितनी देर तू मिलती है उसे? वही जो सुबह-सुबह लगभग दो घण्टे मुखड़ा दिखाकर चली जाती है, उसके बाद तो मुझे ही सँभालना होता है।'

'अभी तो सो गया है न?'

'हाँ, सो तो जायेगा ही! इतना-इतना रोयेगा, तो मारे थकावट के सो नहीं जायेगा? सो ही तो जायेगा! अभी कुछ देर पहले ही सोया है, मगर रह-रहकर सिसकी लेने लगता है! अहा, मोर बचवा रे! ले ले न कुछ देर!'

मैं ज़रूर सिसकियाँ लेता रहा। बप्पा ने अभी-अभी एक जल तरंग की दुनिया रची थी, शायद अपने ही लिए। लेकिन मेरे बेसुरे शब्द तरंग से, बप्पा के सपने के सुर-छन्द ज़रूर किसी न किसी ढंग से कट गया होगा! ज़रूर कर मैं ज़रूर हिलक-हिलकर रोता रहा होऊँगा!

'तुझे मैं बिल्कुल भी तकलीफ नहीं देना चाहती थी! लेकिन, बड़ा तरस आया, री! तू तो काफी देर पहले ही आ गयी थी! मुझे पता नहीं चला! अगर पता चलता, तो तभी उसे तुझे सौंप जाती! जब सो जाता, तो मैं उसे ले भी आती! बूकी ने अभी-अभी बताया कि तू तो बहुत पहले ही आ गयी थी।'

'लाओ! लाओ! उसे मुझे ही थमा दो। बप्पा के शब्द और आवाज़, पत्थर की तरह भारी और बर्फ होते जा रहे हैं। ऐसा फिर किसी दिन, और किसी के साथ न हो...'

ऐसे में बप्पा का चौड़ी, पीली पड़ी छाती मानो रेगिस्तान हो आयी हो! उनकी कर्कश हथेलियाँ, अभी-अभी मेरी पीठ पर थीं। अब मुझे रुलाई की ठण्ड नहीं लग रही! बेहद गरमाहट महसूस होने लगी! मेरी देह के कण-कण में...! बप्पा की गर्माहट!

सिर्फ दादी-माँ के अन्तस् ने सुनी थी! यन्त्रणा-कातर सिसकियाँ!

शब्दहीन किसी स्तब्धता में...

'तुम्हारी माँ, उसे कुछ देर अपने पास नहीं रख सकीं?'

'हाय मइयो, वह तो माँ के पास ही रहता है।'

'उफ़, असहनीय बात है! तुम न कुछ ज़्यादा ही अति कर देती हो! उसे ले आने की क्या ज़रूरत थी?'

'माँ से कहती, तो वह ले ही जाती! लेकिन, मैंने ही दिया!'

'ख़ासा बड़ा हो गया है। अब, इतना खुराफात नहीं करेगा।'

'देखो, ऐसी बातें मत किया करो।'

'तो ठीक है, अब उसे ही लेकर पड़ी रहो...मुझसे नहीं होगा।'

'कुल एक ही रात की तो बात है! ज़रा मान नहीं सकते?'

'अब एक की जगह दो हो जावेंगे, उसके बाद?'

'दो हो भी जायें, तो उसका हक़ कोई नहीं छीन सकता।'

'तुम्हें मुझसे शादी नहीं करनी चाहिए थी।'

'शादी से पहले, मैंने तुम्हें सारी बात बता दी थी। तुमने क़बूल भी किया था।'

'तो फिर रहो, अपने बेटे के साथ।'

'ए-इ सुनो, ऐसा बचपना मत करो, कहे देती हूँ। यूँ बदतमीज़ की तरह ऊँची आवाज़ में क्यों बोल रहे हो? वह सो रहा है, अभी जागेगा नहीं। सच्ची, तुम मेरी जगह अपने को रखकर, बिल्कुल नहीं सोचते। आओ, पास आ जाओ! कहा न, पास आओ—'

'एइ, नहीं, नहीं! कहा न, मुझे बिल्कुल मत छूना...'

'क्यों? मेरा कोई हक़ नहीं है?'

'उफ! तुम न बड़ी वो हो...'

मैं कीचड़ की तरह सोया ही रहा! इस समय मुझे सोना ही चाहिए, कम से कम आज की रात! मुझे लगा उस रात का चाँद तुड़ा-मुड़ा ही था, हाँ, हाँ, बिल्कुल इसी तरह! दादी ने मुझे बहलाने-फुसलाने

के लिए मुझे चूमते हुए, तर्जनी उठाकर, सितारों भरे आकाश, अँधियारा आकाश दिखाया था।

चाँद खिलखिलाकर हँस रहा था। वैसे आज भी वह पहले की तरह ही हँस रहा है। वेंटिलेटर की फाँक से चाँद की रोशनी विक्षिप्त की तरह, खिड़की की बन्द झँझरी के पीछे जड़े काँच से होकर, बप्पा के बिस्तर पर बिछे रंगीन चादर पर सूखी हुई पीली उल्टी की तरह लोट रही थी। बप्पा ने अपने लिए जो काले रंग की रंगीन चादर ख़रीदी थी, उसी पर पीली चाँदनी बिछी हुई थी।

चाँद की वह हँसी मेरे करीब भी नहीं आयी, क्योंकि मुझे गहरी नींद की ज़रूरत थी। मैं जहाँ सोया हुआ था, वह जगह अँधेरी थी। दो पहाड़ों के बीच, घनी अँधेरी खाई में सोया हुआ था। मुझे इन सबका आभास भी नहीं होता, अगर मेरे घुटने ज़ोर से दीवार से न टकरा जाते। तभी मुझे समझ में आया कि मेरे इस तरफ कोई पहाड़ खड़ा है! अगले ही पल मेरी समूची देह उल्टी तरफ घूम गयी थी। मारे दर्द के मेरी आँखें पल भर के लिए खुलीं, मगर चूँकि मेरी आँखों में नींद भरी थी, नींद ने मुझे गहरी नींद सुला दिया, लेकिन उस एक पल ने मुझे दिखा दिया कि मेरी दूसरी तरफ भी कोई पहाड़ है! मांस का पहाड़! मांस के किसी नरम लोथड़े के ऊपर सख़्त मांस की पर्त, एक-दूसरे के ऊपर पड़े हुए थे और उनके भीतर गर्म लावे की तरह कुछ उबल रहा था! यानी इस वक्त वे दोनों पहाड़ ज़रूर आग्नेयगिरि हो आये थे या जैसे 'विभिन्न पहाड़' किसी नये को जन्म देते हैं।

लेकिन, मुझे लगा, मैं एक बार फिर, काफी ज़ोर-ज़ोर से रो उठा था और भूख मुझे हमेशा से ही परेशान करती आयी है, आज भी करती है।

मैं कुहनी के बल उठने ही वाला था, किसी ने मेरी पीठ थपथपाकर सुलाने की कोशिश की!

'अरे, यह तो जाग गया! सो जा! सो जा!'

चूँकि मैं ज़ोर से सिसक उठा था, इसलिए नींद मुझसे आँख-मिचौनी खेल रही थी। मैं शायद चाँद की फीकी हँसी के करीब खिसक आया। मुझे किसी नरम मांस का स्पर्श महसूस हुआ और कोई मांस पिण्ड ज़ोर-जबर्दस्ती से मेरे मुँह में घुसेड़ दिया गया।

'अभी कुछेक पल में फिर सो जायेगा...'

माँ आयी थी, ज़रूर माँ ही आयी थी! जब भी मैं रो पड़ता था, मेरी माँ, इसी तरह मेरे करीब चली आती थी। लेकिन, माँ के स्तनों में एक बूँद भी दूध नहीं था, जो मुझे अभी मिल जाता। अब, माँ के स्तनों में दूध नहीं रहा। उनकी छाती पुख्ता चट्टान की तरह निष्फला हो चुकी थी।

उफ! अजब परेशानी थी...!

आज पहली बार, मैंने इस सड़क पर कदम रखा था। इस वक्त मेरे बूटों की आवाज़ ही, मेरी एकमात्र संगिनी थी।

मेरी परली तरफ से कोई लड़की, साँप की तरह दौड़ती हुई सर्र से निकल गयी।

दौड़ती हुई वह लड़की, एकबारगी ठिठक गयी। क्या इसलिए कि मैंने भी उसकी तरफ गर्दन घुमाकर देखा था?

हालाँकि हम अभी-अभी ही ठिठके खड़े थे, हम एक बूँद भी हिले-डुले नहीं, क्योंकि हममें से हरेक अपनी-अपनी दुनिया में रमे हुए थे। हम सब हल्की-सी दूरी से, एक-दूसरे की दुनिया को देख रहे थे। सब कुछ इन्द्रधनुष जैसा लग रहा था।

आज तो चाँद बिल्कुल ही लापता हो गया था। ज़रूर समूचे आसमान पर छाये हुए अँधेरे ने उसे निगल लिया है। ऐसा ही होता है, विशाल अँधेरा, छोटे-छोटे उजालों को इसी तरह निगल लेता है! बीच-बीच में बेहद कम या दीर्घ समय तक चाँद बिल्कुल ग़ायब नज़र आया।

इसके बाद, हम दोनों फिर एक-दूसरे के आमने-सामने थे।

'तुम्हें यहाँ पहली बार देख रही हूँ, पहले तो कभी नहीं देखा।'

'हाँ, ठीक पकड़ा। मैं इस सड़क पर पहली बार आया हूँ।'

'यहाँ शायद आज ही पहुँचे हो।'

'नहीं, काफी दिन हो गये...कह सकते हो, काफी लम्बा अर्सा हुआ!'

'यहाँ रहना कहाँ होता है?'

'वोऽऽ दूर वह जो टीले जैसा पहाड़ नज़र आ रहा है,... दिखायी दिया? उसके ऊपर जो घर है, वहाँ...'

'यानी रात को घर में ही रहते हो?'

'नहीं, नहीं, ऐसा कुछ नहीं है। मेरे घर की परली तरफ, ज़रा दूर पर एक बूढ़े सज्जन रहते हैं। जब निकलता हूँ, तो वहीं...उन्हीं के घर जाकर बैठता हूँ। लेकिन इस सड़क के बारे में, यहाँ आने के अगले दिन सुना था—'

'आज वहाँ जाने का मन नहीं हुआ?'

'नहीं, असल में बड़ा एकरस लग रहा था, बाद में कभी चला जाऊँगा। इस तरफ कभी आना ही नहीं हुआ।'

'तो...चलो...!'

'कहाँ?'

'क्यों? मेरे साथ!'

'लेकिन...तुम तो उस तरफ...'

'हाँ, जा तो रही थी, जहाँ तक जाना सम्भव होता! शायद तुम्हारी वजह से ही जा रही थीं। लेकिन, यूँ अचानक तुम मिल जाओगे, मेरी कल्पना में भी नहीं था।'

'मेरे लिए?'

'शा-य-द!'

उस औरत की आँखें मादकता से छलकी पड़ रही थीं, वह खिलखिलाकर हँस पड़ी। आज इस रात में...इस वक्त चाँदनी की

भी अब ज़रूरत नहीं पड़ेगी।

'तुम्हारा परिचय...?'

'मेरा? सोमाहिता...और तुम्हारा नाम?'

हम पैदल चलते-चलते इसी ओर बहती एक नदी के किनारे जा पहुँचे।

'इस नदी का पानी लाल है! लोग इसे 'रक्तनदी' कहते हैं–' उसने बताया।

'क्यों? ऐसा क्यों कहते हैं?'

'पता नहीं? लोग-बाग़ का कहना है कि इस नदी में ख़ून बहता है...इन्सानों का खून! विश्वास करो, यह अन्धविश्वास या 'मिथ'-फिथ नहीं है। पूरा पानी ही खून ताज़ा खून है! कालिमायुक्त लाल! नमकीन-नमकीन! और इसमें कैसी तो सीलन भरी गन्ध आती है।'

'उफ! तुम लोगों को घृणा नहीं होती?'

'घृणा' वह खिली-खिली चाँदनी की तरह दुबारा खिलखिला उठी! हम यही खून तो पीते हैं। इसके अलावा कोई दूसरा उपाय भी क्या है? पूरे शहर में पानी के उत्स के नाम पर यह नदी ही तो है।'

'मुझे तो कुछ समझ में नहीं आ रहा! समूची नदी कैसी तो अँधियारी-अँधियारी लग रही है।'

'जब तक चाँदनी रात नहीं होगी, तुम्हें कुछ भी समझ में नहीं आयेगा। और मैं? मैं तुम्हें...?'

'त...त...तुम? अस्पष्ट...इस नदी की तरह!'

'तो क्या तुम मुझे भरपूर नज़रों से देखोगे? मेरे गाढ़े रंग के होठों को...?'

सोमाहिता अपना चेहरा, मेरे जैकेट के बटन तक करीब ले आयी।

'सभी कहते हैं, सभी लोग आज भी यही कहते हैं कि मेरे होठ

कमला नींबू की फाँक की तरह हैं! तुम भी अपनी राय दोगे?'

'म...म...मैं? मुझे समझ में नहीं आ रहा है! इस अँधेरे में क्या कुछ सही-सही कहा जा सकता है?'

लेकिन क्या वह समझ पायी कि मेरी बातों में कहीं तीखा व्यंग्य घुला है? खैर, समझती है तो समझ ले।

मुमकिन है मेरी बातें उसकी चमड़ी के रंग और हँसी की मात्रा में गायब हो गयी हों, फिर भी उसने पूछा, 'क्यों, अँधेरे में कुछ समझ में नहीं आ रहा है? ठीक है, लो, अब, देखो मुझे...मेरे होठ और ठुड्डी पर जड़ा तिल...देखो तो सही, ठीक समझ जाओगे?'

लेकिन भीषण अँधेरा था।

कुछेक पलों के लिए, मैंने कोशिश भी की। मुझे लगा, उसकी चमड़ी का रंग शायद गोरा है...। अगले ही क्षण मेरी एक लम्बी उसाँस झर पड़ी। मैंने अपनी जैकेट की बटन पर से उसकी दोनों बाँहें हटा दीं।

'कुछ नहीं! खास कुछ भी समझ में नहीं आ रहा है! समूची की समूची तुम, मेरे लिए बिल्कुल अस्पष्ट लग रही हो।'

हम दोनों में इसी तरह का संवाद जारी था या जब ये तमाम घटनाएँ घट रही थीं, हम नदी की पथरीली रेत के किनारे-किनारे चलते हुए, वापस लौट रहे थे। हम काफी धीरे-धीरे चल रहे थे और बातें भी काफी धीरे-धीरे, लगभग खुसफुसाहट के लहजे में कर रहे थे, क्योंकि हम दोनों ही यहाँ बेहद 'शरीफ...सज्जन इनसान' थे।

उसने कहा, 'रुको...'

यह कहते हुए, ज़रा ऊँची, चपटी चट्टान पर उछलकर चढ़ गयी। बदन पर पहनी हुई रात की पोशाक एक झटके में खींचकर, नदी के पानी में फेंक दिया।

उसने कहा, 'अभी भी अस्पष्ट नज़र आ रही हूँ? देखो, अच्छी तरह देखो तो सही!'

उसकी परिधान-विहीन नंगी देह मानो अँधेरे को शायद खदेड़

देना चाहती हों, मानो मांस के लोंदे से निर्मित, विशुद्ध कोई आदिम अवयव हो? हालाँकि यह बात मैंने जुबान से नहीं कही।

मैंने सिर्फ इतना ही कहा, 'ऐसे समय, अगर चाँदनी बिखरी होती, तो बेहतर होता।'

उसने फिर एक उछाल मारी और चमगादड़ की तरह मेरे बदन से झूल गयी।

'रोशनी तुम्हें बेहद भली लगती है न?'

'रोशनी में सब कुछ ठीकठाक समझा जा सकता है।'

'तो, चलो, रोशनी की तरफ लौटा जाये।' उसने मेरे बदन से अलग होकर माटी पर कदम रखा।

'तुम्हारे कपड़े-लत्ते...'

'पड़ा रहने दो, उस नदी में! वह नदी का ही प्राप्य था...मुझे यही रूप भला लगता है।'

'लोग क्या कहेंगे?'

'कुछ भी नहीं कहेंगे। सभी लोग यही कहेंगे—समोहित मैं तुम्हारा हूँ, तुम्हारे लिए...'

अगले ही पल उसने मेरी कमर पर हथेली रखकर कहा, 'चलो, उस तरफ...रोशनी की ओर लौट चलें...?'

यानी हम दोनों आखिर किस तरफ जा रहे थे?

काठ की सीढ़ियाँ चढ़ते-चढ़ते, सिर्फ हम दोनों के ही कदमों की आवाज़ सुनायी दे रही थी! बेहद वजनी, शान्त और एक-दूसरे से विच्छिन्न पगध्वनि! बीच-बीच में सीढ़ियों के सन्धि स्थल से निकला हुआ दबा-दबा, यन्त्रणाकातर आर्तनाद भी गूँज उठता था...

दरवाज़ा खोलते ही हम दोनों झुटपुटे अँधेरे कमरे में दाखिल हुए! छोटा-सा कमरा, दोनों ओर की ईंट की दीवारों से घिरे कमरे की क्षीण-सी रोशनी, ज़रा ऊपर के धरण से यहाँ तक आ रही थी। इस ओर की खिड़की तले, आड़े ढंग से खड़ी दीवार से सटी हुई जगह पर एक तख्तपोश पड़ा हुआ था। उस ओर दरवाज़े की

आमने-सामने की दीवार की खिड़की से बाहर तारों-भरे बैंगनी आसमान नज़र आ रहा था।

उसके पीछे-पीछे वह जिस दरवाज़े से अन्दर दाखिल हुआ था, वह बन्द नहीं किया गया। असल में, मैं भूल ही गया था।

'दरवाज़ा बन्द कर दो–' उसने कहा। बाहर से ठण्डी हवा अन्दर आ रही थी, शायद इसीलिए उसने दरवाज़ा बन्द करने को कहा था।

मैं उस तख्तपोश पर बैठ ही चुका था। वह अँधेरे में बत्तीदान खोजती रही। दरवाज़ा बन्द करते हुए, मेरी नज़र दरवाज़े की परली तरफ के घर के कमरों पर पड़ी। कई एक फीके-पीले चेहरे, सलाखों से मुझे ही देख रहे थे। वे लोग भी ज़रूर मेरी या किसी दूसरे की राह देख रहे थे।

'यूँ मुँह बाये-बाये क्या देख रहे हो? जल्दी से बन्द कर दो।'

आखिरकार, कमरे में रोशनी जल उठी। रोशनी में सोमाहिता का अनावृत्त शरीर चमक उठा।

'मेरे यहाँ, तुम बाहर कहीं नज़र मत डालना! वे सारी की सारी औरतें हद जलाधुर हैं! सभी मुझसे जलती हैं।'

'क्यों?'

'छोड़ो! यह बताओ कि रोशनी में मैं कैसी लग रही हूँ?' उसने मेरे मुँह पर ही सवाल लौटा दिया।

'रोशनी में इस रूप में सभी औरतें परी जैसी लगती हैं।'

'अच्छाऽ? तो तुमने बहुत सारी औरतों को इस रूप में देखा है?'

उसके लगभग भेदहीन उदर से खिलखिलाती हुई, दबी-दबी हँसी के टुकड़े छिटक आये। उसकी उँगलियाँ उसे दबाये रखने की कोशिश करने लगीं और उसका छरहरा जिस्म, सर्पिल आकार में दो-एक बार बल खाकर, एकदम से तख्तपोश पर झुक आया। वह चित्त लेट गयी! सिर से कमर तक पलँग पर और उसकी दोनों गोरी-गोरी टाँगें फर्श पर झूल गयीं।

शब्द, सिर्फ इसी पल के लिए नहीं, कई-कई पलों तक मानो खो गये।

'नहीं, नहीं, नहीं! ऐसा मौका मुझे कभी नहीं मिला।'

'तो फिर कहा कैसे?'

'कल्पना से!'

'बा-ब्बा! बलिहारी जाऊँ तुम्हारी कल्पना पर...'

वह तड़ाक से उठ खड़ी हुई और चादर-बिछा बिस्तर छोड़कर मेरे बिल्कुल सामने आ खड़ी हुई। उसने मेरी जैकेट के कॉलर का दोनों सिरा अपनी मुट्ठियों में कस लिया।

'अब रोशनी के आलोक में मुझे अच्छी तरह निहारो! मेरे होठ, मेरी ठुड्डी का तिल, मेरा सब कुछ। सभी लोग मेरी तारीफ करते हैं, खासकर वे लोग, जो 'गैंग ऑफ जेन्टलमैन' क्वार्टर्स से आये हैं! शरीफ कहलाते हैं! इसी क़िस्म की कुछ-कुछ बातें, किसी न किसी बहाने, उन औरतों के कान में आयीं, इसलिए सारी आँखें मन ही मन बिफरी हुई हैं। मुझसे जलने लगी हैं। तुम भी ज़रूर उन्हीं शरीफ लोगों की तरह ही, मेरी तारीफों के गीत गाओगे?'

यह कहते-कहते उसने मेरी जैकेट छोड़ दी।

'उन लोगों ने कुछ झूठ नहीं कहा, जी?' मेरे होठों पर एक मृदुल, मगर कुटिल हँसी झलक आयी।

'और मेरे ये उभार? मेरे इन उभारों के बारे में कुछ कहो न! कम से कम उन शरीफ लोगों की तारीफों से कुछ अलग...!'

'वैसा कुछ तय करके, फिलहाल मैं कुछ भी नहीं कह सकता। लेकिन सभी औरतों के स्तनों का उभार, मानो पृथ्वी है! सभी स्तन मानो एक-एक पृथ्वी हैं।

इस बार, उसका सिर मेरी छाती पर ढुलक आया। उसके चन्द बादामी बाल, मेरे चेहरे से लिपट गये। मेरी बाँहों ने दोनों ओर से, उसकी नंगी पीठ को, बस, छूकर ही रह गये।

'उफ! तुम कितनी ख़ूबसूरत बातें करते हो! भीषण ख़ूबसूरत!

और उस क्वार्टर्स का एक-एक बन्दा, मानो रसहीन गन्ना हो। उनमें बूँद भर भी मिठास नहीं होती।'

'सोमाहिता, मैं बेतरह थक गया हूँ।'

उसने चेहरा उठाकर कहा, 'तो, सो जाओ! मैं भी सो जाऊँगी–' यह कहकर, वह उठ खड़ी हुई, मांस की जीवन्त मूर्ति की तरह!

'लेकिन मुझे प्यार नहीं करोगे? या करोगे? इसीलिए तो तुम आये हो।'

मेरा मन अब, कोई बात करने को तैयार नहीं था। मेरी आँखें बस, उसे देखे जा रही थीं। उसकी नक्काशीदार देह! उसका समूचा तन-बदन!

'अब, सोच क्या रहे हो? चलो, लेटो...मुझसे प्यार करोगे न? मुझे तृप्त करोगे न? ठीक है! तुम खड़े-खड़े बस, सोचते रहो, मैं सोने चली–'

मेरे कानों ने मेरी ही लम्बी उसाँस भरते हुए सुनी! अब मैं उसी खिड़की के सींखचों से मत्था टिकाये खड़ा था, जिसने अभी कुछ ही देर पहले मुझे तारों-भरा बैंगनी आसमान दिखाया था। वहाँ से आती हुई बर्फीली हवा मेरी गर्दन, माथे के पिछले हिस्से को छू-छूकर गुज़रती रही।

'मैं तुम्हारे लिए नहीं आया हूँ सोमाहिता।'

'तुम मेरे लिए नहीं आये। लेकिन जो कोई भी उस राह से आता-जाता है, मतलब तमाम मर्द, कभी न कभी मेरे पास ज़रूर आये हैं। तुम क्या यहाँ किसी और के लिए आये थे?'

मैंने इनकार में सिर हिला दिया।

'फिर?'

'मैं आया हूँ, अपनी माँ के लिए!'

'तुम्हारी माँ? यहाँ?' वह तख्तपोश पर ही उठ बैठी।

'क्या नाम है तुम्हारी माँ का?'

'यह तो नहीं जानता। लेकिन सुना है कि सूरत-शक्ल से मुझ

जैसी ही थी।'

'तुम उसे बे-हद प्यार करते थे?'

सवाल अप्रासंगिक था। माँ को प्यार करने में, कोई अतिरिक्त बहादुरी नहीं होती।

'लेकिन तुम्हें यह जानकारी होनी चाहिए कि यहाँ हर किसी की अपनी निजी दुनिया है। तुम्हारी माँ की भी अपनी दुनिया होगी। यहाँ भला कौन, किसकी ख़बर रखता है। सभी अपनी-अपनी पहचान कराने में ही व्यस्त रहता है। तुम भयंकर—'

'हूँ! जानता हूँ! काम बेहद मुश्किल है, फिर भी कोशिश किये जा रहा हूँ, अगर कहीं उसका अता-पता मिल जाये...।'

'लेकिन...लेकिन, कम से कम मैंने ऐसी किसी औरत को यहाँ न देखा, न सुना, जिसे उनका बेटा खोजता फिर रहा हो। वैसे वह ध्यान...' पल भर को वह ठिठक गयी। अगले ही पल, उसने अपनी बात आगे बढ़ायी, 'हालाँकि यहाँ आते ही, कुछ ही दिनों में उसने अपने बेटे को खोज निकाला था। उसे ज़्यादा खोजने की ज़रूरत ही नहीं पड़ी! वह भाग्यवान थी...'

'नहीं, नहीं, मुझे लगता है कि इसमें माँ का कोई दोष नहीं है। उसे तो पता ही नहीं उसके जाने के बहुत दिनों बाद, मैं उसे खोजने आया हूँ। इस शहर में खोज रहा हूँ।'

'तुम्हारी माँ के मन में क्या तुम्हारी याद बच रही होगी?'

'न बची हो। मैं खुद उसे अपनी याद दिला दूँगा। इसके अलावा, वह मुझे देखते ही खुद पहचान जायेगी, क्योंकि चेहरे-मोहरे से मैं उसी जैसा हूँ।'

'इतने सबके बाद भी अगर वह अपनी दुनिया छोड़कर, आना न चाहे, तो?'

'तब भी मुझे कोई अफसोस नहीं होगा। मैं सिर्फ उसकी दुनिया, बेहद करीब से देखना चाहूँगा। मैं उससे जानना चाहूँगा कि तुम मुझे छोड़कर गुम क्यों हो गयी।'

'मुझे लगता है कि तुम्हें बेहद भूख लगी है। अपनी माँ को खोज निकालने से पहले तुम्हारी कम से कम थोड़ी-सी भूख अगर मैं मिटा सकूँ, तो...! चलो, मेरी बगल में लेट जाओ...आओ, लेटो!'

लेकिन मेरा मन, मुझे दरवाज़े की तरफ ही खींचे लिये जा रहा था।

सीढ़ी से ही थोड़ी-सी माटी और आकाश पार कर आया था और वह भी मेरे पीछे-पीछे दौड़ी चली आयी थी। लेकिन इन पलों में अचानक ही हम दोनों की आवाज़ों ने शराफत के विपरीत ही आचरण किया था।

'अच्छा, सुनो, कम से कम आज की रात तो यहाँ गुज़ार जाओ।'

'नहीं, यह सम्भव नहीं है। रात ख़त्म होने में कुल दो ही घण्टे बाकी हैं।'

'कहाँ जा रहे हो?'

'उस बूढ़े के पास!'

'कौन बूढ़ा?'

'बताया था न! मेरे घर की परली तरफ, वही अधेड़ सज्जन के पास...जिनके पास मैं अक्सर ही जाता हूँ।'

'अभी उनके पास जाकर तुम क्या करोगे?'

'सुना है, इस शहर में वे अर्से से रहते हैं। मुमकिन है उन्हें मेरी माँ के बारे में पता हो।'

'क्यों? उसने क्या अभी तक तुम्हें कुछ नहीं बताया?'

'ना, अभी तक मुझे कुछ नहीं बताया। मेरा सवाल भर सुनकर, खामोश रह गये।'

'क्या तुम निश्चिन्त हो कि वह आदमी तुम्हें बतायेगा?'

'पता नहीं! मैं कह नहीं सकता, फिर भी कोशिश तो...'

'मेरा मन कहता है, तुम मेरे पास ज़रूर आओगे, फिर आओगे,

जब तक तुम्हारी माँ, तुम्हें मिल नहीं जाती...'

उसकी उल्लसित हँसी में चाँदनी का नशा घुलामिला था।

उढ़का हुआ दरवाज़ा खोलकर, मैं अन्दर आया और दरवाज़ा दुबारा अन्दर से उढ़का दिया। उसके बाद सीधे खिड़की के करीब पड़ी, उसी टूटी कुर्सी पर जमकर बैठ गया। जैसे पहली बार आया था और जो-जो किया था, बस, वही-वही दुहरा डाला।

आज वे बूढ़े सज्जन अपने काठ की विराट अलमारी के खुले पल्लों के अँधेरे में मिले। वे हड़बड़ाये-से कुछ खोज रहे थे। अन्दर के ठसे हुए सामान वगैरह और कपड़े-लत्तों के बीच कुछ खोजने में व्यस्त थे...

ऐन उसी वक्त, मुझे लगा अलमारी के ऊपरी दराज से, पुराने ज़माने की रेक्सिन का कोई विशाल और भारी-सा एलबम ज़ोर की आवाज़ करता हुआ, धड़धड़ाकर नोचे, फर्श पर गिर पड़ा और उसमें से छिटककर, श्वेत-श्याम आलोकचित्र चिपकाया हुआ, कई एक कार्टिज पेपर के टुकड़े निकल आये। वे पेपर वृद्ध सज्जन के पाँवों से कुछ ही फासले पर गिरे थे।

सख्त काले पेपर काफी पुराने थे और एलबम की ज़िल्द में से लगभग लम्बाई में ही फटकर बाहर निकल आये थे। एक पेपर पर पारिवारिक चित्र था, जहाँ तस्वीर का एक कोना झर गया था और दूसरी तस्वीर शायद किसी जवान औरत की थी। छाती तक की आधी तस्वीर! उसकी गर्दन ज़ेवरों से सजी हुई थी, लेकिन चेहरे पर केमिकल की चमचमाहट का भाव, बिल्कुल नष्ट हो चुका था...

बेहद सकुचाते हुए मैं अपने को अन्दर ही अन्दर बमुश्किल सँभाले हुए, वह सब तस्वीरें देखता रहा। मैं सोच रहा था, आज वे कुछ बतायें...

लेकिन वे कुछ नहीं बोले।

मुझे अन्दर ही अन्दर भयंकर थकान और अवसाद महसूस

हुआ। अभी-अभी हवाएँ मेरी गर्दन छूकर गुज़र गयीं। वे हवाएँ भी मानो खुसफुसाकर, कुछ कह रही थीं—हाँ, कुछ तो कह रही थीं। लेकिन सारी की सारी मानो शब्दहीन बातें हों। बेहद विक्षिप्त और मिटे-मिटे-से शब्द...

'मैंने...तुम्हारे बारे में ही...सपने देखे थे...'

'मैंने भी...विश्वास करो...!'

'जब भागकर...चले ही आये हो...तो ऐसा करना ही पड़ रहा है!'

'वह तो...कोई...जेलखाना...वहाँ तो मर ही जाती मैं!'

'हाथ की कठपुतली के अलावा...कुछ भी नहीं थी मैं।'

'ना, रोओ मत, दुःख...मुझे नहीं रहा? समस्या...उसे ही लेकर थी...'

'...'

'ससुर...पुलिस का खबरिया...लाचार होकर...कर्ज़ लिया था...'

'...'

'मुझे भी...अब...भला नहीं लगता।'

'मुझे छिपकर प्यार करो...दुहाई है तुम्हारी!'

'रोशनी बेजान होती जा रही थी! शायद अब, कुहासा बिखरने वाला...था...।

'भोर की तमाम गौरैया पाखी किचिर-मिचिर लहजे में, मानो मुझे गीत सुनाना चाहती हों। पतिंगों की गुलाबी-गुलाबी पंख मैं छू लेना चाहता था...हरे-हरे खेतों के झूमते-लहराते काश फूलों की तरह! लेकिन मेरी आँखों को कुछ भी नज़र नहीं आ रहा था। मेरी दुनिया पर कुहासे की चादर तन गयी थी! मेरी नाक में! आँखों की पुतलियों में धुँधलका भर उठा था! मेरा शैशव मुझे खोज रहा था।'

'जाता हूँ! ले, अब मैं चला...!'

'जाता है, तो जा, कहने-बताने को कुछ नहीं है।'

'वह कलह मचाये हुए है।'

'वही तेरे लिए सब कुछ है?'

'वैसे...तुम फिक्र ना करो! महीने-महीने मैं रुपये भेजता रहूँगा।'

'इस तरह रुपये देकर, सब कुछ ख़रीद लेना, भगवान तेरा मंगल करें।'

'देखो, तुम सभी लोग मुझे ग़लत समझ रहे हो।'

'तुझे भूल समझने का उपाय क्या है? तुम्हारे सामने समूची ज़िन्दगी पड़ी है।'

'देखो, तुम अपनी जिम्मेदारी से कतरा रही हो—'

'तूने सच ही कहा। ख़ैर, तु जो कहेगी, सिर झुकाकर क़बूल करने के अलावा और कोई गति भी तो नहीं है।'

'तुम यह क्यों नहीं समझते? उसे वहाँ ले गया, तो वह बहाने से कलह मचाना शुरू कर देगी।'

'नहीं! नहीं! फिजूल की कलह तू अपने सिर क्यों लेने लगा? यह दासी तो मौजूद है यहाँ।'

'लेकिन, तू फ़िक्र ना कर! हफ्ते के अन्त में एक बार आया करूँगा! आकर देख जाया करूँगा।'

'तेरी मर्ज़ी...'

मैं दादी-माँ की छाया में रहता था। दादी के बदन पर साड़ी बेहद मैली और भयंकर लुजलुजी होती थी। हालाँकि उनकी छाया बेहद हल्की-फुल्की, गावतकिये जैसी होती थी, जिसमें दादी-माँ के बदन की खुशबू मिलीजुली होती थी। मैं हमेशा इस कोशिश में रहता था कि उनकी छाया में छिपकर, वह सब रचूँ-गढ़ूँ, जो मैं सदा से खोजता आया था।

दोनों बुआ की आँखों की पुतलियाँ मेरा पीछा किया करती थीं। यूँ भी दोनों बुआ के अन्दर हमेशा आग धधकती रहती थी। जब मैं ज़रा सजा-सँवरा होता था, तो वे दोनों और भड़क जाती थीं। भड़क क्यों जाती थीं?

विशाल आसमान तले थी, हमारी डेढ़ कट्ठे की छत? शैशव में वही थी, मेरे खेलने-कूदने का मैदान। मेरी किशोर उम्र भी उसी मैदान में गुज़री। मैं मन ही मन उसे 'उदास होने का मैदान' कहता था, जिसके ऊपर से अनगिनत शामें, अनगिनत गोधूलि उड़ गयी थीं, जिनके साथ झुण्ड-झुण्ड कौए भी उड़ते रहते थे, मानो सबके सब सागर की लहरें हों। उनके पंख 'छप-छप छैंया' जैसा था, शब्दहीन जल तरंग की तरह बजते रहते थे। इसके अलावा शरद के मौसम में पतंगों का दल भी आया करता था! वे सब, लाल-नीले पंख खोले उड़ती हुई आती थीं। आसमान में खूब ऊपर-ऊपर उड़ती रहती थीं, पकड़ में न आने वाले सपनों जैसी! उन सबने शायद मेरी पुकार सुनी थी! एक दिन तो बाँहें बढ़ाकर, उनमें से किसी ने मुझे पुकारा भी था। उड़कर अपनी देह मेरे बेहद करीब ले आयी थी। मैं उस 'उदास होने के मैदान' की अन्तिम छोर तक दौड़ गया था। बस, झुकने ही वाला था कि...सामने दोनों बुआ प्रकट हो गयीं। उन दोनों की आँखें मेरा ही पीछा कर रही थीं—'रुक जा, आज या तो तू रहेगा या मैं।' उस दिन दादी की छाया नहीं थी। वह दिन दोनों बुआ के नाम हो गया। उस दिन दोनों बुआ काफी सजी-धजी थीं।

'उसने यह काम सही नहीं किया, माँ!'

'तो अपने भाई से यह बात क्यों नहीं कही?'

'मेरी बला से!—'

'फर मुझसे क्यों कह रही हो?'

'चूँकि वह हमारी गर्दन पर लाद गया है, इसलिए...'

'उसने क्या तुम्हारी गर्दन पर लादा है?'

'दो महीने बाद ही बिल्कुल चुप, वहाँ जाकर देखो हण्डे-हण्डे दाल रहा होगा, और यह कमबख्त क्या गंगाजल में बहता हुआ यहाँ आ धमका?

'अच्छा, अच्छा, तुम्हारी जेब जब तंग होने लगी, कड़की बजने

लगी, तो मुझे सुनाने चली आयीं?'

'तुम मेरी हर बात का ग़लत मतलब निकाल रही हो।'

'तुमने ही क्या सही किया? तुमसे नहीं हो सकता था, तो तुम्हारे और भी भाई-बहन तो थे...सबने मिलकर उसे सही वक्त पर पकड़ा क्यों नहीं?'

'यह हमारी ज़िम्मेदारी नहीं थी! हमें कोई गरज़ भी नहीं पड़ी थी। दी' को भी बोलने का कोई हक़ नहीं है।'

'उसने जो किया, वह क्या अपनी मर्ज़ी से किया?'

'देखो, तुम असली बात से कतरा रही हो, माँ!'

'ठीक है, अपने भाई से कह देना, वह अपना बेटा ले जाये या तू ही उसे निकालकर सड़क पर फेंक दे।'

'ना! वह क्यों जाये, यहीं जमा रहे। हमारे बायें हाथ पर ही बोझा बना रहे–'

'देख, जुबान सँभालकर बात कर। मेरी नज़रों के सामने से तू हट जा! जा, निकल जा।'

'तृषा, आज रोशनी रहने दो!'

'लेकिन, आज मुझे ही रोशनी में रहने की तीखी याद जाग उठी है।'

ऐसी चाह तो तुममे पहले कभी नहीं जागी।'

'आज मन हो रहा है! तुम्हें अच्छी तरह...जी भरकर देखने का मन हो आया है।'

'क्यों? मैं क्या कहीं से बदल गया हूँ?'

'पता नहीं! रोशनी ही बता देगी।'

'आखिरकार तुम्हें भी...'

तृषा एकदम से जल उठी, अँधेरे में शुक्रतारा की तरह! मेरी साँसें अभी, इसी वक्त थम जाना चाहती थीं! शायद साँसों में रुलाई फूट पड़ी है। काफी दिनों बाद, उन्हें रुलाई छूट रही है! तृषा,

तुम्हारे लिए ही मेरी साँसें, शब्दहीन आर्तनाद की तरह सिसकने लगी हैं। मेरे नथुनों की सुरंग से बाहर निकली पड़ रही हैं। यह सारा कुछ तुम्हारे ही लिए है...तुम्हारे लिए...!

'तुम्हें भी उजाले की ज़रूरत आन पड़ी? मुझे देखने के लिए?'

'असल में, मैं यह देखना चाहती हूँ कि तुम्हारे बदन का रंग किस हद तक बदला है।'

'तुम ज़रूर यही कहोगी कि रोशनी में मैं गिरगिट बन गया हूँ।'

हमारी प्रायः शब्दहीन फुसफुसाहट की दुनिया में, तृषा के स्तनों की शान्त उपत्यका मीठा-मीठा आलोड़न उठाने लगी! उनकी साँसें बारी-बारी से चढ़ती-उतरती रहीं।

'ख़ैर, छोड़ो, नौटंकी मत करो, तो अब, बताओ रोशनी में मुझे कितना बदला हुआ देख रही हो?'

मेरे हृदय और कानों ने अभी-अभी तृषा को लम्बी उसाँस छोड़ते हुए सुना।

'तुम सोमाहिता का नाम ले रहे थे। सच-सच बताओ तो, तुम उसके यहाँ क्यों गये थे?'

'मैं नहीं जाना चाहता था...वही मुझे ले गयी।'

'गये तो थे?'

'हाँ, गया था।'

'तुम्हें पता है, वह चरित्रहीन, भ्रष्ट औरत है?'

'हाँ, मुमकिन है, लोग-बाग़ ऐसा ही कहते हों। लेकिन मेरी समझ में नहीं आया कि वह किस हद तक भ्रष्ट है।'

'हाँ, यह तुमने सही कहा! उसके भ्रष्ट होने की सीमा नापने की तुम्हें ज़रूरत तो है।'

उफ! मुझे किसी दिन भी यह समझ में नहीं आया कि तृषा के हृतपिण्ड में भी पानी घुस चुका है, सभी नालियों का गँदला पानी! अन्दर की आग अब ज़रूर उस पानी को खौला रही होगी, जो सिर्फ

भाप बनकर बाहर निकल रहा है। तृषा के अन्तस्तल में क्या अब भी नाली का ढेरों पानी जमा है?

'तृषा, दुहाई है, मुझ पर यह सब निरर्थक आरोप...'

'शायद इसलिए कि तुम फिर जाओगे उसके पास।'

'उसी ने कहा है--तुम आओगे मेरे पास! ज़रूर आओगे! जब तक तुम्हें, तुम्हारी माँ नहीं मिल जाती।'

'तो फिर जाना! वह बदचलन औरत ही शायद तुम्हें, तुम्हारी खोयी हुई माँ का पता बता दे--'

...तृषा, मेरे करीब तो आओ! काश, एक बार अगर तुम मेरे करीब आ जातीं, तो तुम जान पातीं कि मेरा अन्तस् किस कदर सिसकियाँ भर रहा है। बहुत दिनों बाद वह रोया है, सिर्फ तुम्हारे लिए। तुम्हारी जड़ें, मेरे मन की उपत्यका चीरकर काफी दूर तक चली गयी हैं। वहाँ मेरे स्वप्नों की वादी फैली है, जहाँ तुम्हारे हरे-हरे पत्तों की खुशबू और छाया बिछी हुई है, किसी घने गहराये प्यार की तरह...

अन्दर जाकर, मैं दरवाज़ा दुबारा उढ़का दिया।

खिड़की के करीब, मेरे बैठने की जगह, वह टूटी कुर्सी आज, उल्टी पड़ी थी! बगल में सामान-असबाब के ढेर, फर्श पर बिखरे हुए पहाड़ की शक्ल में बिखरे पड़े थे, रोशनी के उजाले के काफी करीब ही! वृद्ध व्यक्ति खिड़की की तरफ पीठ किये, उस ढेर में पागलों की तरह कुछ खोज रहे थे।

पिछले दिनों के मुकाबले, आज उनके बाल भयंकर बिखरे-बिखरे और भीषण हताशाग्रस्त लग रहे थे।

पिछले दिनों की तरह, मैं अपनी उसी निर्दिष्ट जगह में बैठ गया।

खिड़की की राह अचानक ही, तेज़ धार छुरी की तरह हवा का तेज़ झोंका, दीये की लौ को झकझोर गयी। ये हवाएँ हमारे ही

अन्तर्जगत के कई एक मिटे-मिटे से, थोड़े—बहुत खुसफुस शब्दगुच्छ अपने साथ ले आयी थीं।

'वह आदमी...जानवर की तरह...मेरी...देह का अंग-अंग खा-चबा गया था।'

'...'

'...'

'यह सब...उसके बदले में?'

'...बिल्कुल नहीं! बिल्कुल भी नहीं... ये सब मेरे हैं...'

कुर्सी उठाने की आवाज़ सुनायी दी। कुछेक पलों में ही बेहोशी कट भी गयी। तमाम शब्दहीन शब्द, पल-पल आती-जाती बर्फीली हवा की बाँह तले दबी हुई एकदम से उड़नछू हो गयी।

कुर्सी खींचकर वह दीपक की रोशनी के सामने बैठ गयी। मैंने इसे अपने अन्तस् की हिंस्र साँस-प्रश्वास, रोशनी की पीली पृष्ठभूमि में टुकड़े-टुकड़े उछालते हुए देखा। अभी-अभी उससे मेरा रिश्ता, सिर्फ अँधेरे-उजाले की स्पष्ट प्रेतछाया जैसा था।

'तुम्हें मैंने बहुत दिनों से यहाँ आते-जाते देखा है...'

'किसी ने कुछ कहा?' क्योंकि, मेरे कानों ने तो अभी-अभी ऐसी हवा को अन्दर आते नहीं देखा, जो अपने साथ वे शब्द बहाकर लायी हों।

लेकिन मेरे अन्तस् में कहीं बेचैन-सी सुगबुगाहट जाग उठी, क्योंकि मेरे कानों ने ज़रूर ऐसा कुछ सुन लिया था—बेहद महीन, लेकिन घरघराती...टूटी-टूटी आवाज़ में! जाने कैसी तो घिसे-पिटे काँच जैसी!

'मुझे तुम्हारी उम्मीद तो नहीं थी, फिर भी इस वक्त तुम्हें ही देख रही हूँ...'

अच्छा, तो उस बूढ़े ने ही कुछ कहा था। मेरे कान ठीक ही सतर्क थे। मेरे कानों ने...वैसे हर इनसान को ही किसी न किसी दिन बोलना ही होता है...

'जी-हाँ, मैं आया हूँ यहाँ...सुना है कि आप बहुत दिनों से रहते हैं यहाँ!'

'हाँ, कई युग हो गये–'

रोशनी और प्रेतछाया की पृष्ठभूमि में उनकी युगल आँखें बिल्ली की तरह चमक उठीं। वे एकटक मेरी तरफ देखते रहे।

'मैं...आया था...अपनी माँ के लिए...'

'मुझे उम्मीद थी कि 'वह' आयेगी...काफी दिनों से मेरा दरवाज़ा उसी के लिए उढ़का रखा था...'

'वह...कौन?'

उफ! बर्फीली हवाएँ दुबारा सलाखें लाँघकर, मर्मर निशाचर की तरह दुबारा अन्दर घुस आयीं...

दीये की लौ मर चुकी थी। दीये की लौ रक्तशून्य धुएँ की तरह गोलाकार चक्कर खाती हुई, लहराते साँप की तरह, अँधेरे के बदन से चिपकी हुई थी। इस वक्त, फाँसी का फन्दा झूल रहा था...

रात के अन्तिम प्रहर में कौए भोर को जगाते थे, उसके बाद पंखों से हवा करके, रात-भींगे आसमान को पोंछ देते थे, और उसके नींद-जगे माथे पर मटमैले सिन्दूर की बिन्दी लगा देते थे। अगले ही पल गौरैया पाखी गीत छोड़ देती थीं...मैं यह सब सुनता रहा, देखा कुछ भी नहीं। ...मेरी भोर तो बर्फीली कँपकँपाहट लिये आती थी, उनींदे सिर-दर्द की तरह, मेरे समूचे तन-बदन पर कुहासे की कम्बल बिछी होती थी।

–माँ से ऐसी बातें नहीं करनी चाहिए थीं।

--मैंने ग़लत क्या कहा?

–लेकिन, इसमें उसकी ग़लती कहाँ है? उसका भी तो यहाँ रहने का हक़ है, बल्कि यह अधिकार तो...

–सुन, अपनी गाल पर तमाचा मत मार! तेरा किस्सा सभी जानते हैं।

–लेकिन उसके रहने के हक़ के सवाल पर, मेरा भी ज़िक्र

आयेगा न।

—नहीं, हम यह सवाल कभी नहीं उठायेंगे।

—माँ उठायेगी।

—उठाने दो।

—सारा कुछ मेरे नसीब का ही दोष है!

दोनों बुआ के प्रसाधन भरे चेहरों की चमड़ी तले टूट-फूट का खेल जारी रहता था। उन दोनों में से किसी ने भी शायद यह नहीं देखा—

—सच तो यह है कि अगर मैं न होती, तो तुम लोगों को ऐसी कोई समस्या नहीं होती।

—नहीं, 'उसे' लेकर ज़रूर होती।

—तू किस हक़ से 'उसे' खदेड़ना चाहती है?

—तुम तीनों को अगर कुछ हो जाये, तो उसकी जिम्मेदारी तू लेगी। लेकिन अगर उसे कुछ हो जाये?

दोनों बुआ ने आँचल की छोर से अपना-अपना चेहरा पोंछ लिया। उन दोनों की आँखों से नमकीन आँसू बह निकले।

—बू-धन तुमसे पूछते हुए बेहद झिझक हो रही है...मेरा मतलब है...करीब तीन सौ रुपये होंगे तेरे पास? हफ्ते भर बाद, जब सिलाई के रुपये मिलेंगे, तब वापस कर दूँगी! देगी, बूधन? कोई परेशानी होगी?

आज शाम को मन उदास कर देने वाली रोशनी, मेरे तन-मन में पैठ गयी थी। पिछले कल भी एक ऐसी शाम गुज़री थी। बप्पा ने कहा था— वे आयेंगे, पर नहीं आये। ज़रूर बप्पा की गृहस्थी में कलह का तूफान उठा होगा। इस किस्म का तूफान उनकी दुनिया में अक्सर उठा करता था, शायद इसलिए कि बप्पा की दुनिया ख़ासी गर्म थी। ऐसा कोई तूफान उठने पर बप्पा को घर में ही रहना पड़ता था। आसमान में सिन्दूरी मेघ देखते ही, उनका दिल बेतरह धड़कने लगता था। ये मेघ बप्पा के लिए डर के सामान थे।

उन्होंने मेघों को स्वीकार कर लिया था।

बप्पा नहीं आये, इसलिए मेरा चेहरा लटका हुआ था। बूकी बुआ आपस में फुसफुसाती रहीं कि मेरा चेहरा भी अपनी माँ की तरह लटका रहता है। ओफ ओ! यानी मेरी माँ, मेरे चेहरे में ही थी। माँ क्या इसी मुद्रा में चेहरा लटकाये रहती थी? दोनों बुआ ज़रूर यही चाहती थीं कि मेरी माँ, मेरे चेहरे से निकल जाये। मुझे वह ज़ोर-ज़बर्दस्ती रथ के मेले में ले गयी थी।

रीनी ने मिट्टी की एक आदिवासी युवती खरीदी! उसके सिर पर मुर्गी के कई रंगीन पंख चिपके हुए थे और उसकी लहराती कमर में अविराम विलासिता झलक रही थी। रूबू ने काले रंग का प्लास्टिक का साँप खरीदा! बड़े भइया ने कुछ नहीं ख़रीदा, सिर्फ दो पापड़ खाये। वैसे बड़े भइया ज़रा लालची थे! कुछ-कुछ खाते रहने के लिए, वे रसोई के इर्द-गिर्द चक्कर लगाते रहते थे। दोनों बुआ, रूबू की तरह, मेरे लिए भी काला साँप ख़रीदना चाहा। लेकिन चूँकि मुझे साँप और साँप की फूत्कार, दोनों ही उस कुहासे की तरह भयंकर लगते थे और चूँकि मेरी माँ भी मेरे चेहरे से गयी नहीं थी, मेरी नज़र एक बाघ पर टिकी हुई थी। वह बाघ मानो सचमुच का जीवन्त बाघ हो...

आज शाम के मेघों की दरारों से छनकर आते हुए, उदास कर देने वाली धूप, मुझे उस बाघ की ही याद दिला रही है! मैं दोनों बुआ के साथ ही स्कूल से वापस लौटा था और वह बाघ भी मेरे सीने के अन्दर ही था। अपनी माँ के चेहरे की तरह ही, मेरा चेहरा भी जाने कैसा तो लटकता जा रहा था। मेरी दोनों बुआ की नज़रें किसी पिस्तौल से छूटी हुई गोली की तरह ही मुझे खट से लगी-उन दोनों ने सिर्फ इतना ही कहा—तू घर तो चल एक बार...

अन्त में हम सब सामने बिछे मैदान तक पहुँचे, जहाँ से हमारा वह मुर्दे के चेहरे जैसा घर साफ़ नज़र आता था। रीनी हमारी छत पर ही खड़ी थी। उसका चेहरा मैदान की तरफ था। हमारी

उल्टी तरफ से एक छोकरा आ रहा था। हमने साफ-साफ देखा कि वह छोकरा गर्दन घुमाकर, रीनी को ही निहार रहा था। इस सई-साँझ उस छोकरे के चेहरे पर चाँदनी बिखर गयी थी। उफ! रीनी ने मेरी जान बचा ली। मुझे पक्का विश्वास हो गया कि दोनों बुआ घर पहुँचते ही छुरा घोंप देंगी।

—हरामज़ादी, निर्लज्ज, बेहया लड़की! भगवान तुझे मेरे सामने ही उठा ले—

असल में, दोनों बुआ जानती थीं कि रीनी के दुबली-पतली छाती पर नयन तारा के दो फूल खिल उठे थे। लेकिन वह रीनी भी न...हद बुद्धू थी! हद से ज़्यादा बेवकूफ! उसे क्या यह बात पता नहीं थी? दोनों बुआ इस वक्त सजी-धजी होती थीं।

कमरे से निकलकर, मैंने अँधेरे कॉरीडोर में क़दम रखा। इस घर के बाकी सभी कमरे अन्दर से हर दिन बन्द ही देखे थे। लेकिन अचानक आज मेरे पाँव ठिठक गये। एक कमरे के चौड़े फाँक से रोशनी झाँक रही थी।

मैंने तो सोचा कि उन लोगों ने ज़रूर अपनी दुनिया के दरवाज़े अन्दर से खोल रखे थे। मैंने सिर्फ धीरे से, हल्का-सा, दबाव डाला था।

बहरहाल, दरवाज़े में मेरे स्पर्श का कोई असर नहीं हुआ। दरवाज़ा ज्यों का त्यों बन्द रहा, लेकिन दरार से उनकी गुनगुनाहट सुनायी दे रही थी। दरार से नज़र आते हुए अँधेरे के धुँधलके में उनकी काली-काली प्रेतछाया हिलडुल रही थी। ऐसा लगा, वे दोनों ही मर्द थे—उन दोनों में एक 'नर-भीमरूल' और दूसरा 'भँवरा' था।

'सारे रुपये लौटा दीजिये—'

'तुम थोड़ी-सी और चढ़ा लेते...तो तुम्हारे जिए बेहतर और मंगल होता।'

'यह बात तो आपने बार-बार कही थी...बार-बार!'

'ऊपर वाले साहबों को भी अगर हिस्सा देता, ...तो मेरे

पास...लगभग कुछ नहीं बचता...'

'लेकिन...आप पहले ही...चाहते थे...कहा भी था...अब और नहीं चाहिए।'

'मैं समझ नहीं पाया...'

'आप लोगों के चेहरे और तन-बदन पर...शरीफ लोगों जैसा पालिश चढ़ा हुआ था; लेकिन चेहरे पर जड़े वे पीले-पीले दाँत...हर दाँत मानो टुच्चे...जानवर के अलावा और कुछ नहीं थे...आप जैसा गन्दा, अश्लील इन्सान...दुनिया में दूसरा कोई नहीं था।'

'लेकिन, तुम्हें थोड़ा और सब्र करना चाहिए था। उन लोगों ने तो कहा ही था कि वे काम कर देंगे।'

'आप लोगों पर...भरोसा जो नहीं हुआ...बार-बार सारे मामले को...भविष्य की ओर खींच ले जाते थे...इस तरह...सारे रुपये सपोट लेते थे...।

'आप भी तो साथ देते थे...'

'मैं क्या करता? मेरी बीवी जो ऐसा चाहती थी...काफी ऊँचाई पर जीना चाहती थी...तुमने ठीक नहीं किया...मुझे यूँ ख़त्म करने में...'

'सिर्फ आप ही नहीं...आप जैसे बहुतेरे लोगों को ख़त्म कर देना पड़ा...'

भँवरा बेहद उत्तेजित नज़र आया। दीये की मर्मर रोशनी में अब वह कैसा तो कमजोर पड़ता हुआ नज़र आया।

'एक वक्त, मैं भी ख़त्म हो गया था। मेरे सपने भी...अपने पिता की आखिरी पूँजी भी मैंने फूँक-ताप दी थी।'

'बहुत से लोगों ने तुम लोगों को ही बुरा कहा...तुम्हारा यूँ डराना-धमकाना उचित नहीं था। तुम्हारे साथ के लोग भी तुम्हारी ही तरह उग्रवादी थे...लेकिन सभी जानते थे...तुम लोग भले और शरीफ लड़के थे, शरीफ लड़कों को यह हरकत शोभा नहीं देती थी. ..हम सभी सज्जन और भद्र इनसान थे।

सिर्फ उतनी-सी फाँक के अलावा, वे लोग शायद कभी भी अपनी दुनिया के दरवाज़े पूरी तरह नहीं खोलेंगे...लेकिन तृषा ने मुझे उन लोगों के बारे में कभी कुछ नहीं बताया था।

रात ने अपने पंख फैला दिये थे! शहर के हर माथे तक उसके पंख फैल गये थे। सभी लोग जाग उठे। आज चाँदनी बरस रही थी।

'कहा तो था कल ही लौट आयेगा। आया नहीं।'

'आपको पता करना चाहिए था—'

'पता करता भी, तो वह नहीं मिलता।'

'क्यों?'

शून्यता में अभी-अभी एक लम्बी उसाँस गिर पड़ी, बर्फीली और भारी!

'मुझे लगता है, व-ही सारा कुछ लूटकर भागी थी। रुपये भी और गहने भी...'

'घर में रखा क्यों था?'

'तुम क्या अपनी बीवी की बात से इनकार कर देते?'

'माफ कीजिएगा...मैं...'

'बहुत भला किया था...तब तो तुम निहायत बेवकूफ हो! छिनाल का स्वाद तुम्हें मिलना ही चाहिए था।'

'असल में जितने दिन शहर में था...माँ को ही खोजता फिरा...'

कुछेक पल के लिए निस्तब्धता फिर फूत्कार उठी।

वृद्ध के गले से हवा में उड़ते सूखे पत्ते की तरह, घरघराती-सी आवाज़ उड़ आयी। वह घिसे हुए काँच जैसी अपनी युगल आँखों से बस, घूरता रहा—

'तुम्हारी माँ भी उस औरत' की तरह, ज़रूर भाग गयी थी।'

'कह नहीं सकता। हाँ, इतना भर बता सकता हूँ कि मेरी माँ कहीं खो गयी थी। मुझे कभी उनका संस्पर्श नहीं मिला।'

'सुनो, औरत की जात ही सिंगी मछली की तरह होती है। ठीक-ठीक पकड़ में न रहे, तो हाथ से फिसल जाती है। तुम्हारी माँ भी क्या सिंगी मछली थी?'

'यह बात जानने का कभी मौका नहीं मिला। हाँ, तृषा ने कहा था कि आप शायद जानते हों कि वह यहाँ आयी है या नहीं।'

'यहाँ मैं कई युगों से रहता हूँ, लेकिन कमरे के माल-असबाब को छोड़कर, मुझे और किसी बात की जानकारी नहीं है। पहली बार मैंने तुम्हें ही देखा है, हालाँकि 'उसने' कहा था कि वह आयेगी, इसीलिए उसकी राह देख रहा था।'

'एकमात्र 'वह' आपकी अपनी थी?'

'हाँ, 'वही'! वही मेरी बायाँ हाथ थी। मैं 'लेफ्टी' था यानी बायाँ-हत्था! दाहिना हाथ मेरा कभी ख़ास सचल नहीं था। बायें हाथ से मैं मुट्ठी-मुट्ठी भर रुपये सन्दूक भरता था और उसी तर्ज पर मुट्ठी-मुट्ठी भर रुपये लुटाता भी गया, सिर्फ अधिकार, क्षमता और प्यार के लिए। मेरा ख़याल था इन सबके लिए धातु के वे सिक्के और कागज के चन्द टुकड़े ही काफी होते हैं।... काफी दिनों तक जब गाँव में अकाल पड़ा हुआ था, उस वक्त मैंने अपना घर, माँ-बाप, नाते-रिश्तेदार, पड़ोसी—सबको त्याग दिया, सिर्फ इस पेट के लिए...हालाँकि मेरे पुरखे योद्धा की जात के थे।'

खुसफुसाहटें सिरिंज की नोक की तरह मेरे तन-बदन में चुभ गयीं। मेरे खून से जाने कैसी तो सीलन भरी बदबू आने लगी... असल में मेरे कान सजग ही थे। उन्होंने फर्श पर 'टुप' से गिरा हुआ, शब्दहीन शब्द सुन लिया था। मेरे दोनों कानों ने ठीक ही सुना था। फर्श पर जली हुई-सी लाल तरल बूँद पड़ी हुई थी। मेरी आँखों का नशा भी अब कटने लगा था। उस वृद्ध का चेहरा, जलछवि की तरह स्पष्ट हो आया। उनकी आँखों की कोटर से ताजा खून बह निकला।

'उसके बाद?' मैंने सवाल किया।

'उसके बाद, ढेरों कहानियाँ हैं। डकैती से लेकर गोरे साहबों के तलवे में तेल लगाने, उन लोगों के लिए औरतें जुटाने तक, क्या नहीं किया! ख़ैर, ढेरों बातें हैं। अन्त में अंग्रेज साहबों की मेहरबानी से जमींदारी का मालिक बना। इस बीच 'वह' आ गयी, 'मैंने उसे रुपयों और सोने से मढ़ दिया। लेकिन, वह सिंगी मछली की तरह हाथ से फिसल गयी। 'उसके' जाने के बाद, कई औरतों को लाया, सिर्फ खाने-चबाने के लिए। तब तक मैं समझ गया था कि प्रजा का खून और छिनाल का खून, दोनों ही काफी स्वादिष्ट होते हैं। हालाँकि अन्त में प्रजा ने मुझे...'

'तब तो आप काफी थक चुके होंगे?' मैंने उनकी मुँह की बात एक तरह से छीन ली।

'लेकिन उसने कहा था कि आज की रात के लिए...मन हो रहा है कि मैं भोर से पहले ही सो जाऊँ। बेहद थकान लग रही है। बे-ह-द! बात न हो कल फिर शुरू की जायेगी। लग रहा है, 'वही' रुपये और गहने...दूध-आलते जैसा उसके बदन का रंग था! उसे लूटकर लाया था मैं।'

हालाँकि अपनी बातों के बीच, हममें से किसी ने भी ख़याल नहीं किया रात जाने कब तो भोर के पास लौट चुकी थी। सिर्फ बर्फीली हवा ने मुझे धकिया दिया। मेरे पीछे मुट्ठी भर धुँधला कुहासा छिड़ककर, उसने रात की रोशनी का खून कर डाला था।

अचानक सारी सचलता एकदम से विलीन हो गयी। पीलिया कुहासा अब मेरी नज़रों के सामने था। कुहासे हमारी आलोकहीन देह से लिपटकर गोल-गोल चक्कर काट रहे थे, अगले ही पल रूई की तरह छितरा गये थे। उन छितरायी हुई रूई की दरारों से, सिर्फ पल भर के लिए उन वृद्ध पर मेरी नज़र पड़ी थी। वे फाँसी की रस्सी से लटक गये थे और बर्फीली वाताश में झूल रहे थे।

मैं भी कुर्सी छोड़कर उठ खड़ा हुआ, क्योंकि भयंकर कुहासे मुझे दंश मार रहे थे। मेरे पूरे शरीर और चेहरे में असहनीय यन्त्रणा

भर गयी थी। मेरे शरीर से मांस और खून टपकने लगा। अन्तिम प्रहार की उदास कर देने वाली चाँदनी अभी भी बिछी हुई थी। चाँदनी की समूची देह भी मेरी या कहूँ हम दोनों की खून की धारा में नहा उठी थी। खून अचानक ही धार बनाकर फूट पड़ा था! उफ! उस बूढ़े की गलती हुई एक आँख की धूसर पुतली...!

यह सब महज़ पल भर में घटता जा रहा था। मैं भयंकर रूप से डर गया, इसलिए भोर आने ही वाली थी। वह दैत्य की तरह टुकड़े-टुकड़े कुहासे भी साथ लेकर पहुँचने ही वाली थी! मुझे अहसास होने लगा कि मेरे पाँव भी गलते जा रहे हैं। मैं अन्दाज़े से दौड़ता हुआ, किसी तरह दरवाज़े के सामने आ पहुँचा। दरवाज़ा मैंने खोला भी और उस सन्धिस्थल ने कोई मरी-मरी सी कराह भी सुनी। बस, अन्त में सिर्फ उतना भर ही सुन पाया...

'तृषा...तृषा...काश, इस वक्त मैं तुम्हारे साथ रह पाता, तो मुझे भला ही लगता।'

'किसी आग्नेयगिरि के लावे की तरह स्मृतियाँ फूटती रहीं...हज़ारों वर्षों की सभ्यता के ध्वंस के अन्दर...या झोप-झंखाड़ से भरी शिला-चट्टानों के सीने पर...'

'माँ, स्कूल की दीदी लोगों का कहना है वह भयंकर अन्यमनस्क रहता है। पढ़ाई-लिखाई में थोड़ा-सा भी मन नहीं लगता। बहुत दिनों से सोच रही थी कि तुम्हें बता दूँ।'

'मुझे क्या करने को कहती? जाये, जहन्नुम में जाये।'

'दीदी लोगों ने कहा है कि अगर यही हाल रहा, तो वह सच ही जहन्नुम में चला जायेगा।'

'मैं भी यही चाहती हूँ! उन लोगों ने ठीक ही कहा है। रोज़ अपने सामने किताब लेकर बैठता है और टकटकी बाँधकर आसमान की तरफ निहारता रहता है। मुझे देखता है, तो पाठ बुदबुदाने लगता है। अगर मेरा कोखजाया होता, तो, मैं उसका टेंटुआ दबा

देती।'

'उस पर से भयंकर मरकुट्टा स्वभाव है! स्कूल के ही किसी लड़के को ऐसा मारा कि वह बेचारा बेहोश हो गया–'

'हुँहः जिस दिन खुद मार खाकर बेहोश होगा, उस दिन उसे पता चलेगा।'

'बड़ा ज़िद्दी है, भई!'

'मैं क्या करूँ, इस लड़के का?'

'काफी दिनों से देख रही हूँ, पढ़ाई में इसका बिल्कुल मन नहीं लगता...बेहद बढ़ावा मिल रहा है उसे...'

'बढ़ावा क्या मैं दे रही हूँ?'

'देखो, बात को अब, पेचीदा मत बनाओ।'

'मेरा स्वभाव ही...'

'वैसे मेरा कहना ही काल हो गया...'

'तो आगे से मत बताना...'

'मैंने देखा है, जब भी मैं उसका ज़िक्र छेड़ती हूँ, तुम इसी तरह भड़क जाती हो...'

'असल में मैं ही बहुत बुरी हूँ! ना, इस बार जब उसका बाप आयेगा, तो मैं कह दूँगी कि भइया, तुम अपने बेटे को ले जाओ।'

'मेरे लिए कोई अपना-पराया नहीं है! अगर मैं अपनों को डाँट-डपट करती हूँ, तो पराये को भी करूँगी! ख़ैर, छोड़ो, मुझसे ही भूल हो गयी।'

'नहीं, नहीं, तुमसे भूल क्यों होने लगी? स्कूल की पढ़ाई नहीं करेगा, तो खूब सबक सिखाऊँगी! जी भरकर खाने को दूँगी! एक बार बैठे तो सही...।'

'यह तुम्हारे गुस्से की बात है...'

'गुस्से की बात है? यह तू क्या कह रही है? अपने सामने उसे बर्बाद होते हुए देखती रहूँ? सुन, रात को उसकी पढ़ाई लेकर बैठना तो!'

'वह तो आजकल मुझसे बात ही नहीं करता। मुझ पर उसका क्या गुस्सा है, रे बाप! बित्ता भर का लड़का और...'

उस वक्त दोनों बुआ की आँखें छलछला उठीं। उस दिन दादी-माँ की छाया एकदम से आग हो उठी।

...मैं सीढ़ियों से ऊपर चला आया! किसी के भी कान मेरे क़दमों की आहट नहीं पहचान सके, शायद मेरे भी कानों तक उनकी आहट नहीं पहुँची।'

अन्त में, मैंने दरवाज़ा खटखटाया।

'कौऽऽऽन?'

'मैं हूँ।'

'दरवाज़ा खुला ही है! अन्दर आ जाओ।'

दरवाज़ा उढ़का हुआ था! दरवाज़ा हौले से धकियाकर मैं अन्दर दाखिल हुआ।

उसने मुझे अपनी विमर्ष-कातर यन्त्रणा सुनायी। लेकिन सोमाहिता मानो किसी चट्टान तले दबी हुई थी! लोभ के किसी मांस के पहाड़ तले!

मुझे देखते ही वह भयंकर बिल्ला तख्तपोश पर एकदम से उठ बैठा।

'मैं समझ नहीं पाया...आप बुरा न मानें...मेरा आना शायद सही नहीं हुआ।' मैंने कहा!

'ना! तुम रुको! व-ही जायेगा!

सोमाहिता के कहने भर से ही वह 'बिल्ला' उठ खड़ा हुआ। उसका हर व्यवहार निश्चित रूप से औरताना था।

'मेरा हक़ है उस पर! वैसे मुझे उसे जाने को नहीं कहना चाहिए था।' मेरी तरफ देखते हुए, उसने ये बातें बेहद शान्त लहजे में कही।

'वह अधिकार सिर्फ तुम्हारा ही नहीं है! मैंने भी यह अधिकार बहुतेरे लोगों को दिया था।

'फालतू बातें छोड़ो! यह बताओ, कब आओगे?'

'न आऊँ, तो और भला लगेगा।'

'लेकिन, मेरे लिए तुम दरवाज़ा ज़रूर खोलोगे।'

'यही तो मेरी बदनसीबी है।'

'वह मेरे अधिकार में थी। तुम भी क्या उसी तरह...?' उस आदमी ने मुझसे पलटकर सवाल किया।

'नहीं, नहीं, मुझसे तो 'उसका' यहीं परिचय हुआ था।'

'तब तुम्हारा 'उस' पर अधिकार जमाना सही नहीं है। आज की रात का मेरा सुख तुम्हारी वजह से नष्ट हो गया।'

'वह तुम्हारी तरह नीच नहीं है। निकल जाओ...चलो, निकलो...निकलो यहाँ से...'

उसकी एक ही धमकी पर वह अधेड़ आदमी खामोश हो गया। वह रोशनी में चला आया और उसने अपने कपड़े बदल डाले। उसकी तोंद, उसकी छाती और पाँवों से ज़रा आगे ही निकली हुई थी। उसकी गर्दन और माथे पर ज़ख्म के वीभत्स निशान थे।

वह दरवाज़ा धकियाकर बाहर निकल गया। दरवाज़े ने दुबारा कातर यन्त्रणा से कराह भरी।

जाते हुए वह मन ही मन बुदबुदाता रहा, 'यह तो मेरा हक़ है...मैं हरगिज़ नहीं छोड़ूँगा।'

'वह आदमी कौन है? तुम्हारा पति?'

'नहीं, कहा था, मेरा पति बनेगा। बहुत दिनों तक यही बात दुहरा-तिहराकर सुनाता रहा...'

'शादी नहीं हुई?'

जवाब में उसने कुछ नहीं कहा। सिर्फ एक गहरी उसाँस, मानो उस रोशनी का खून कर डालने को आमादा हो। दीवार पर पड़ती हुई हमारी छायाएँ टुकड़े-टुकड़े होकर इधर-उधर खिसक गयीं।

अन्त में उसने कहा, 'ख़ैर अरसे बाद...आखिर तुम्हें मेरी याद

आ ही गयी...'

'याद रखना ज़रूरी था...'

'अपनी माँ के लिए, है न?'

'शायद!'

'तुम मर्दों की जात बेहद स्वार्थी होती है। उस बुड्ढे ने कोई बात की?'

'हाँ, अन्त में उसे बात करना ही पड़ा। कैसा अहमक है वह आदमी! अपने कमरे के माल-असबाब और अपने इतिहास के अलावा, वह कुछ नहीं जानता।'

'इसका आभास मैंने तुम्हें दिया था...तुमने ही भरोसा नहीं करना चाहा।'

'सॉरी! इसके लिए मुझे सच ही बेहद अफसोस है! मैं कल तक उसी के पास रहा, दिन में भी घर लौटना नहीं हुआ...लेकिन वह बन्दा तो लगातार कई दिनों तक सिर्फ अपना ही इतिहास सुनाता रहा। मैंने काफी कोशिश की...'

'तो क्या तुम उसकी दुनिया में दुबारा क़दम रखोगे?'

'अगर क़दम रखूँ भी, तो इस बारे में मैं पूरी तरह निश्चित हूँ कि मुझे अपनी माँ का अता-पता हरगिज़ नहीं मिलेगा।'

सलाखों की फाँक से हवाएँ अचानक ही घुस आयीं। अपने साथ ढेर सारा बर्फ या धारदार छुरी की तरह तीखे-तेज़ मर्मर निशाचर जैसे बर्फ! उस हवा में ही, दीवार के पार की कोठरी की खिड़की से, किसी औरत-मर्द की कुछ-कुछ, अस्पष्ट आवाज़ें भी यहाँ तक तैर आयी थीं। मेरे कानों ने भी ठीक-ठीक सुन लिया। सुनने में मुझसे कहीं, कोई ग़लती नहीं हुई!

'स-ब...सब कुछ गड़बड़ हो गया...तुम्हारी वजह से!'

'इसके अलावा...और...कर भी क्या सकते थे?'

'नामर्द! कायर कहीं के! तुम आज से पहले...मुझे लेकर भाग नहीं सकते थे?'

'मेरे माँ-बाप...घर वाले क्या कहते? मैं मुँह दिखाने लायक नहीं रहता...वहीं रुकना पड़ता!'

'क्यों? और कहीं नहीं रुक सकते थे?'

'ज़ोर जो नहीं था...पॉकेट का ज़ोर...'

'तुम इतने हिसाबी हो? मुझे बदन पर पड़ी शर्ट की तरह इस्तेमाल किया? मैं तुम्हारे बदन पर पड़ी शर्ट के अलावा...तुम्हारी कुछ भी नहीं थी?'

'मेरा विश्वास करो, मैं सिर्फ तुम्हें ही प्यार करता था।'

'वे लोग कौन हैं?' मैंने 'उस औरत' से दरयाफ्त किया।

'राइला...और वह छोकरा! बेचारी राइला! मन से वह बेहद सच्ची थी, मगर वह छोकरा...'

उन दोनों की बातें दुबारा तैर आयीं।

'तुम्हारी सारी बातें कैसी तो भटकी-भटकी होती थीं...कविता की तरह!'

'मेरा ख़याल था, तुम मज़बूत रहोगे...लेकिन चाचा तो...भाई को ही? उसके ही नाम कर बैठा...थोड़ा तो इन्तज़ार कर सकता था...!'

'हमारे यहाँ यही नियम है...दबाव डाला जा रहा था...अब्बा को पता नहीं था...?

'तो तुम ही उकसा देते कि सारा कुछ तोड़-ताड़ डालें! और कुछ दिन अगर...तुम बस, डटे रहते...।'

'लेकिन मैं तो तुम्हारी कविता में डूबा था। काश, तुम ही निकाह के पहले, यह हिम्मत दिखातीं।'

'लेकिन तब मुझे तुम्हारा धर्म ग्रहण करना पड़ता।'

'ओफ ओ! तो असल में तुम्हारा यह रूप है? तुमने मुझे इतना ही पहचाना?'

'हालाँकि मैं सार्थक थी, फिर भी तुम्हारे लिए गुम हो जाना...'

'मैं सुखी हूँ...अल्लाह मुझे तुम्हारा नहीं बना सका...'

'सुनो, यूँ मान न करो–'

'असल में मैं तुम्हारी कविता और तुम्हारी वास्तविकता को मिलाने में कहीं गुम हो गया था...'

'राइला, जो गुज़र गया, उसे भूल जाओ। आओ, मेरे करीब आओ, मेरे सीने से लग जाओ।'

'...'

'...'

'अब, तो जैसे कुछ भी समझ में नहीं आता। मेरी तो बस, इतना ही समझ में आया था कि तुमने मुखौटा पहन रखा था। मेरे अन्दर टूट-फूट चल रही थी।'

'राइला!...'

'आज यहीं रुक जाओ! मुझे अच्छा लगेगा।'

अन्त में उसने प्रस्ताव दे डाला था। 'वह' खुद बिस्तर पर ढेर हो गयी थी।

'मुझे कमरे में जाने दो, सोमाहिता, मेरा मन बेतरह खिंचा जा रहा है...'

'सुनो, शहर में, ढेरों मेरी जान-पहचान की दुनिया है। मैं तुम्हें उनके पास भेज दूँगी या मैं खुद तुम्हारे साथ चलूँगी।'

अकेली भोर के वक्त उस मरकोठे की कोठरी में, मेरी आँखें मशहरी की जाली की सूराखों पर गड़ी होतीं! धुँधलके ने मेरे शैशव को भी हथिया लिया था। वे सब मेरी आँखों के सामने पहाड़ की तरह, क़तार-दर-क़तार खड़े थे, मानो कह रहे हों–मेरे पीछे तुम्हारा शैशव मौजूद है, आओ, लाँघकर इधर आ जाओ। वह पहाड़ बहती हुई नाक की तरह रपटीला, फिसलनभरा था।

'माँ...इ कह रही थी कि उसे खूब...'

'तुम लोगों की जुबानी मैं वह बात दुबारा सुनना नहीं चाहती। रोज़-रोज़ मुझे एक ही बात सुनानी पड़ती है।'

'दिनोंदिन बेहया, बेकाबू होता जा रहा है।'

'किसकी वजह से?'

'ज़रूर मेरी ही वजह से!'

'तुम्हारी वजह से क्यों होने लगा, ज़रूर मेरी वजह से ऐसा निकला है।' दादी की आवाज़ शायद खिड़की से आती हुई हवा में काँप रही थी।

'नहीं...मेरा मतलब है...ये बातें...दू' कह रही थी।'

'लेकिन अपने बेटे की जुबानी कुछ सुनने की ज़रूरत तुम्हें नहीं लगी?'

'वह तो मुझसे बात ही नहीं करता।'

'अच्छा करता है...किसी दिन उसे बुलाकर, तुमने अपने पास बिठाया है?'

बप्पा के दिल में ज़बर्दस्त धक्का लगा था। वह बार-बार ढेर हुआ जा रहा था, फिर भी बार-बार उठ खड़े होने की कोशिश कर रहा था, शायद सिर्फ अपने लिए, अपने को टिकाये रखने के लिए...

'मेरी तो किस्मत ही फूटी है...'

'ऐसी बदनसीबी ओढ़ने को किसने कहा था?'

'सोचता हूँ, उसे यहाँ से हटा ले जाऊँ–'

'कहाँ? अपने पास?'

'न–हीं...'

'फिर कौन-सा नया मतलब भाँज रहे हो?'

'नहीं, मैं सोच रहा था, मैं ही यहाँ चला आऊँ–'

'यानी बहुत कुछ सोच रखा है! अरे, हाँ, मैं तो भूल ही गयी...उसकी खुराकी और स्कूल की फीस, पिछले पाँच महीनों से बकाया है–चुका देना।'

'चुका दूँगा...सब चुका दूँगा...इधर कुछ महीनों से हाथ बेहद तंग है। मेरा विश्वास करो...कम्पनी की हालत बेहद खराब है!

इधर डॉक्टर ने भी उसे तारीख दी है...'

'अच्छा, ये बात है...'

'उसका अन्दाज़ा है, उसे बेटा ही होगा।'

बे-टा! चलो, तुम्हीं लोगों का पौबारह है– यह बात दादी चाहकर भी नहीं बोल पायी।

उसने मुस्कराते हुए सिर्फ इतना ही कहा, 'अच्छा, अच्छा!'

'वह यहाँ आना चाहती है।'

'कह देना, ऐसा नहीं हो सकता।'

'अधिकार तो 'उसका' भी है।'

'हाँ, सो तो है। लेकिन एक शर्त भी है। उसके खाना-खुराकी और देखभाल का जिम्मा तुम्हें लेना होगा।'

'लेकिन...'

'अब तू अपने माँ-बाप के पास चला जा! तेरा नया भाई आया है। तुझे खेलने को साथी मिलेगा। अब, मेरे पास क्यों रह रहा है? क्यों रे, जायेगा न?'

दादी की आवाज़ अगहन के शिशिर की तरह ही काँप रही थी। उसकी कमज़ोर-पतली उँगलियाँ, परस काठी की तरह, मेरे काले-काले बालों में रेखाएँ खींच रही थीं।

अगहन की ठण्ड अब आँधी-तूफान झेल रहा था और जल-तरंग की टुनटुनाहट पैदा कर रहा था। उसकी गूँज पेड़ों के पत्ते-पत्तियों में, हरी-हरी दूब में, मेरी अधजगी चेतना में प्रतिध्वनित हो रही थी। दादी-माँ की गोद में सिर रखकर लेटे हुए, मुझे बहुत अच्छा लग रहा था। 'नरम, गुदगुदे तकिये की तरह'! मैं दादी-माँ की देह की खुशबू सूँघने में मगन था। बे-ह-द! दादी की देह में, मुझे माँ की भी खुशबू आ रही थी।

शब्द भी मेरे गले में, मेरे मन में जैसे सोये पड़े थे। मेरे सीने में जैसे सिसकियाँ उमड़ रही थीं! सिसकियाँ भी मानो किसी स्तब्धता

में उमड़ी पड़ रही थीं।

मैं बप्पा और दोनों बुआ का खून कर देना चाहता हूँ। उनका खून करके, मुझे बहुत अच्छा लगेगा। खून करने के लिए...

काश, मैं यह वाक्य अपनी जुबान से कह पाता।

'तृषा, जाने कितने दिनों से तुम्हें देखा नहीं...'

'मैं तो तुम्हारी इन्द्रधनुष ही बनकर, तुम्हारे साथ थी।'

'क्या सच ही, तुम मेरा इन्द्रधनुष थीं?'

'क्यों? तुम्हें क्या याद नहीं?'

'इस वक्त सब कुछ याद आ रहा है...धीरे-धीरे...हौले-हौले... मुझे याद आ रहा है कि मैंने तुम्हें ही प्यार किया था।'

'प्यार किया था? लेकिन अपने करीब तो बुलाया।'

'पता नहीं! लेकिन तृषा, सब कुछ किसी सपने जैसा...मुझे याद आ रहा है। मेरे सामने, कैशोर्य के उस पहाड़ के ठीक पीछे के पहाड़ पर, तुम उड़कर बैठ जाती थीं, आसमान के बेहद करीब! वहाँ भी धुँधलका छाया होता! तुम उस पहाड़ के शिखर पर बैठ जाती थीं। तुम्हारे तन-बदन पर सूर्य की किरणें पड़ती रहती थीं! तुम फट-फट की आवाज़ के साथ, अपने पंख फड़फड़ाती रहती थीं और समूचे आकाश में सात रंग बिखेर देती थीं! तुम सच ही, इन्द्रधनुष थीं! उफ! सारा कुछ कैसी भीषण कविता है!'

'तुम सिर्फ आसमान को पूरे मन से निहारते रहते थे।'

'हाँ, निहारता रहता था, तुम्हारे पंखों से विकीर्ण होते हुए रंगों को देखा करता था।'

'और मैं बाँहें फैला-फैलाकर तुम्हें आवाज़ें दिया करती थी।

'तुम मेरी पहुँच से दूर थीं।'

'तुमने मुझे पुकारा क्यों नहीं? न हो, मैं ही उड़कर, तुम्हारे करीब आ बैठती।'

'दोनों बुआ की वजह से...'

'कायर! नामर्द कहीं के! तुम निहायत बुज़दिल थे। किसी कायर का प्यार पाने से बेहतर है, किसी व्यभिचारी का बलात्कार, कहीं बेहतर है।

'तृषा, तुम मुझ पर फूत्कारो, मगर...ज़हर मत उगलो...'

'जाओ, चले जाओ, यहाँ से!'

'मेरा विश्वास करो, मेरी छाती में माँ बसी थी और तुम...'

'और तुम्हारी सोमाहिता?'

'तृ-षा!'

तृषा के स्तनों में क्या नर्मदा का ढेरों पानी जमा था?

घुन लगा दरवाज़ा, एक बार सिर्फ चीखकर खामोश हो गया।

'मैं चला आया तुम्हारे पास!'

'उसने' मेरे खुले मन की तरह बेलौस हँसने की कोशिश की, 'अच्छा किया। मेरा मन कहता था, तुम आओगे।'

'बड़ी तीखी प्यास लगी है! भी-ष-ण!'

'ठण्डा खून पड़ा है! दूँ एक गिलास? ला दूँ?'

सारा का सारा समय बदल गया था...एक के बाद एक पृष्ठ की तरह वे सब हवा बनकर, धुँधलके में गुम होते गये। वे सब उजले धुँधलके की रक्तहीन श्वेत कण बनकर विलीन होते गये। उसके बाद...एक दिन...

दोनों बुआ ने कहा है कि अब वे दोनों कभी नहीं आयेंगी! किसी भी दिन नहीं! उदास कर देने वाले अपने मैदान की छोर पर खड़े-खड़े, मैं उन दोनों को सज-सँवरकर वापस लौटते, अब किसी भी दिन नहीं देखूँगा! उनकी आँखों की काली धरती पर अब आतिशबाज़ी की जगमगाहट, अब कभी नहीं देखूँगा। मैं उन्हें अपनी निगाहों के सामने, घने कुहासे में चलकर जाती हुई देखता रहा...अन्त में दोनों बुआ भी कुहासा हो गयीं।

उस दिन दादी-माँ की आँखों में आँसुओं की बाढ़ आ गयी

थी। सिर्फ मुझे छोड़कर, सभी लोग उसमें बह गये, क्योंकि मैंने ही तो दोनों बुआ की हत्या करना चाहता था, उनको जान से मार डालना चाहता था।

इश्श! दोनों बुआ को सजना-सँवरना कितना प्रिय था!

'क्या तो तुमने नाम बताया था शहर का?'

'रमला!'

'रा-मला? अरे हाँ, याद आया—रमला! कितना बेजोड़ शहर है! बेहद खूबसूरत!'

'तुम जानती थीं?'

'भला जानती नहीं थी? दुनिया में कौन नहीं जानता था? सिर्फ जानती ही नहीं थी, मैं तो उस शहर की ही बिल्कुल अपनी बन गयी थी।'

'तुम वहाँ रहती थी?'

'अलबत रही हूँ। वैसे यह बात अलग है कि रहने के लिए लाचार हो गयी थी। किसी ने कहा था कि वहाँ की दुनिया बेहद रंगीन है, बस, तुम्हें ढूँढ लेना होगा। उस शहर से गुम हो जाने के पहले, आखिर के कई एक साल मैं वहीं थी।'

'तब तो तुम विद्रोह के वर्षों में ज़रूर वहीं थीं?'

'वहीं तो थी! तुम लोगों के शहर में जब पक्की तौर पर विद्रोह शुरू हो गया, उससे पहले से ही मैं वहाँ पहुँच गयी थी...यह भी सच है कि वहाँ एक रंगीन दुनिया थी, लेकिन बीच-बीच में मुझे क्या लगा था, जानते हो? मुझे लगता था जैसे पूरा शहर ही मानो रह-रहकर रंग बदलता रहता था...और एक बात जो हमें बेहद अजीब लगी थी वह यह थी कि शहर के जाने कितने ही लोगों की मौत नहीं होती थी। वे लोग बस, खो जाते थे। सिर्फ...मेरे बा और तुम्हारी माँ की तरह! कैसी अजीब बात है न!'

'उसकी' या मेरी हिंस्र प्रश्वास, दीये की स्तब्ध आलोक को

अचानक ही सिहर गयी थी।

मैंने कहा, 'काश, तुम मेरे पुराने शहर को देखते। तुम्हें ज़रूर याद होगी, हमारे शहर की वो उर्मि नदी? उर्मि का बन्दरगाह! शहर के माथे पर हौवाखाना जैसे आकाश! चैत-बैशाख की मन्द-मन्द बायार में पेड़ों का एक-दूसरे पर ढलक पड़ना! उन दिनों शहर भर में जाने कितने-कितने पेड़ थे और गुलामी के वर्षों में शहर के अनगिनत पुराने-धुराने मकान! सबके सब जाने कैसे तो हमारे ही जैसे लगते थे। लगता था मानो वे सब हमारे ही इतिहास हों।'

'ना, उस पुराने ज़माने के चन्द पुराने घर-मकान के अलावा मैंने यह सब कुछ भी नहीं देखा। फिर मुझे लगता है कि सब कुछ सच ही था। लेकिन सब कुछ तुम्हारा काव्यात्मक ख़याल है, शायद अपना शहर था, इसलिए! मैंने लेकिन, किसी दूसरी रामला को देखा था।'

'हूँ! तो ठीक ही कहा तुमने! मैंने जो कुछ कहा, वह सब मेरे शैशव की बातें हैं, जो सब अब पूरी तरह दुष्प्राप्य हैं। समूचा का समूचा शहर जाने कैसा तो बदल गया। ...हममें से हरेक को यह सीख दी गयी कि हम अपना इतिहास भूल जायें। 'उन लोगों ने' यही कहा था! उन लोगों ने चाहा था कि सफेद चमड़ी वाले लोगों ने जो दिखाया था, हम सब उसी जादू में अचेत रहे। मुमकिन है, यह सारा कुछ तुम जानती हो। लेकिन यह कैसा उलट-पुराण था। हालाँकि 'उन लोगों ने' यही दावा किया था कि हम सभी शहर के स्वाधीन नागरिक हैं...इतिहास भूलते-भूलते अन्त में यह शहर कितना विशाल हो गया।'

'मैंने वही रामला को ही देखा था।'

'उन लोगों के उसी जादू से इस शहर के पुराने घर-मकान बहुतल होकर, आसमान छूने लगे थे। हमारी त्वचा और बालों को जाने कैसा तो 'उन लोगों' क़ी ही हुलिया ही नसीब हुई थी और तुम तो जानती ही हो, शहर के बहुतेरे दुकान इसके लिए प्रस्तुत

थे। लेकिन इतने सबके बाद भी, सारा कुछ मुझे यहीं का लगता था...मेरी नाक में जाने कैसी तो दुर्गन्ध आया करती थी। सारे शहरवासियों के तन-बदन से, अपने उस पुराने, सड़े-गले शहर की बदबू आया करती थी। बहुतल मकानों के कबूतर के दरबों से भी उसी किस्म की गन्ध तैरकर यहाँ तक आती थी।...सोमाहिता, तुम्हें भी क्या उस बदबू का अहसास हुआ था?'

'पहले ज़रूर मिली थी, लेकिन अन्त में उस क़िस्म की दुर्गन्ध नाक में आती तो थी, लेकिन वह तुम्हारी तरह स्पष्ट नहीं थी, शायद इसलिए कि वह गन्ध मेरे अन्दर पहले से ही बस चुकी थी। क्योंकि 'उन लोगों के' कहे मुताबिक मुझे ठीक वही-वही बनना पड़ा था। 'उन लोगों' ने कहा था, मैं सच्चे अर्थों में औरत हूँ उन लोगों ने कहा था कि मेरी त्वचा, सारे बाल 'उन लोगों' की तरह ही हैं। यहाँ तक कि मेरे होठ भी हू-ब-हू उनके जैसे हैं। सन्तरे की फाँक की तरह! असल में मेरा तमाम देखना भी काफी हद तक तुम्हारी ही तरह काव्यात्मक थी—'

'वे लोग' खिड़की खोलकर, शहर से नज़र आने वाले टुकड़ा भर आकाश की तरफ टकटकी लगाये रहते थे कि तुम्हारे और तुम लोगों का शहर 'उन लोगों की तरह ही 'तिलोत्तमा' बन जायेगा।'

'तुम्हारा रामला शहर तो तिलोत्तमा ही है! तुम क्या कहती हो?'

'क्या पता? जिन लोगों ने 'उन लोगों' की हुलिया पायी थी, उन्हीं लोगों ने सोचा था कि...। इन सब बातों को लेकर, हम दोस्तों में काफी सारी उपकथाएँ चालू थीं।'

'क्या कहते थे वे लोग?'

'कहते थे कि हममें से प्रत्येक एक-एक अदद रोबोट हैं। चन्द सफेद चमड़ी वाले इनसान, रिमोट दबाकर हमें चला रहे हैं या फिर वे लोग कहते थे कि हममें प्रत्येक खरा सोना है। 'उन लोगों ने' हम सबको सस्ते दामों में ख़रीद लिया था। वही सब लोग! उफ़!

कैसे ढंग से तो 'वे लोग' हमारे शहर के साथ बलात्कार करते थे।'

उसने मेरी सभी बातों पर एक यन्त्रणा कातर दबी-दबी, फिर भी एक मीठी मुस्कान बिखेर देती थी।

'इन सबकी वजह से मैं मन ही मन भड़का हुआ था...तीन दशक पहले के विद्रोह ने जब दुबारा शहर में सिर उठाया, तभी वह शहर छोड़कर मुझे चले आना पड़ा था। बीच-बीच में मुझे क्या लगता था, जानती हो?'

'कैसा?'

'एक तो लगभग पेड़हीन होने की वजह से, समूचा शहर प्रचण्ड गर्मी में तपता रहता था। ऐसा लगता था, मानो कोई चोर-आग के स्रोत में, समूचा शहर खौल रहा है और किसी दिन भयंकर विस्फोट होगा और यह फट पड़ेगा...'

'हत्त! ऐसा भला होता है? असल में यह तुम्हारा पागलपन है। मैंने कहा न...सारा का सारा तुम्हारा कवितामय ख़याल भर है।' उसने हँसकर कहा, 'जो भी हो, अगर वहाँ तुमसे भेंट हो जाती, तो मुझे भला ही लगता।'

'शा-य-द! लेकिन...उस ज़माने में शहर जो दस गुना बढ़ गया था...ख़ैर छोड़ो! अब तुम अपने बारे में बताओ।'

'अपने बारे में क्या बताऊँ? मुझे तो हर दिन नये सिरे से शुरू करना होता था।'

'धत्...तुमने एक बार कहा था कि 'उसने' कहा था कि वह तुम्हारा पति बनेगा...'

'बस, उतना भर ही! उसका यह कहना ही मेरे लिए शायद क़ाफी था।'

'लेकिन मैंने तो 'उसे' यह कहते हुए सुना था कि तुम पर 'उसका' हक है...तुमने ज़रूर 'उससे' वादा किया था...'

'किया था...मेरा मतलब है कि वादा देने को विवश हो गयी थी। उसने अपना नंगा बदन, तख़्तपोश की चादर पर निस्तरंग

स्रोत की तरह बिछा दिया और आँखें अँधेरी कोठरी की सीलिंग की तरफ गड़ा दीं...'

'मैंने बेहद कमउम्र में कामकाज शुरू किया था, पता है? बप्पा का कारखाना बन्द हो गया था और मेरे बाद के जुड़वा भाई-बहन की जिम्मेदारी थी। तुम्हारे 'उसी ने' मुझे काम दिया...हालाँकि मामूली-सा ही मिलता था। जितना समय और मेहनत लेता था, उसके मुक़ाबले बहुत कम मिलता था। इसके बावजूद हमने बखूबी उजाले का मुँह देखा, क्योंकि आमदनी के मुकाबले ज़रूरत ज़्यादा थी।'

'तुम्हारा 'वह' मुझसे काफी बड़ा था। सुना था कि 'उसकी' बीवी बेहद कंकाल थी और 'उसने' मुझ पर काफी अहसान भी किये थे, सिर्फ ब्याह ही नहीं किया...'

'हालाँकि बप्पा को किसी तरह भी बचाया नहीं जा सका। नौकरी चली जाने के बाद, शायद वे जीना भी नहीं चाहते थे और शायद मेरे बारे में ज़रूर उन्हें थोड़ी-बहुत जानकारी हो गयी होगी। अन्त में कैंसर का पता चला। इधर मेरे जुड़वा भाई-बहन ने मेरे सूरत-शक्ल को शक की निगाहों से देखना शुरू किया। बाद में कहा—मैं बदचलन औरत हूँ, हालाँकि तब मुझे उन लोगों की ख़ास ज़रूरत नहीं पड़ती थी।'

'मैं शायद सच ही भ्रष्ट हो गयी थी, पता है? जब 'उसका' दिखाया हुआ इन्द्रधनुष धीरे-धीरे आकाश में फीका पड़ गया...यह सब मेरे गुस्से का नतीजा था...अन्त में उसके चेले-चाँटी भी मेरे पास आये। 'उसी की' तरह वे लोग भी मेरे चेहरे के सामने कागज के टुकड़े नचाते, उन लोगों की आँखें भी बिल्ले की तरह चमकती रहती थीं। वैसे वे सब एक-एक भयानक बिल्ले ही थे। वे लोग निर्लज्ज की तरह फ़रमाते थे कि मेरे होठ सन्तरे की फाँक जैसे हैं। तब मैं हँसती रहती थी। हाँ, बीच-बीच में तुम्हारी तरह मुझे भी लगता था कि सारा कुछ किसी विस्फोट के साथ फट पड़ेगा।'

'रहने दो! रहने दो! अब ये बातें दबी रहने दो! इन्हें दरकिनार करो।'

हालाँकि ये बातें, मेरी ही जुबान से निकली थीं, लेकिन मेरी पलकें भारी हो आयी थीं। मेरी आँखों के सामने से उसका नंगा तन-बदन धीरे-धीरे मिटता जा रहा था। मेरी उँगलियाँ मेरी बन्द आँखों को सहलाने लगी थीं। उसके बाद, मुझे साफ़-साफ़ नज़र आने लगीं, बिल्कुल पहले की तरह! मेरी पीली उँगलियों का रंग नमकीन और लाल हो उठीं, हालाँकि मेरी तीखी आँखें उसके पेट पर उभरे भुजाली के वीभत्स ज़ख्म पर गड़ी हुई थीं।'

उसने भी देख लिया। अपनी बायीं हथेली से उस जख़्म को ढाँककर, वह उठकर चली गयी और खिड़की के सींखचों से फिर टेककर, मेरी तरफ पीठ किये, वह रात का आकाश निहारती रही...

'काश, तुम मेरी पूरी दास्तान सुनते। उस दिन मेरी देह, पत्थर की तरह ही बर्फ थी, 'उन लोगों' के लोहे जैसे गर्म डण्डे, मेरे दोनों जंघों के बीच मेरे अन्दर घुसेड़ दिया गया। मेरी पिछाड़ी में भी उसी ढंग से घुसेड़ा गया, जैसे जंगली सूअर की पिछाड़ी में घुसेड़ा जाता है। मैं 'उन लोगों' की छाती से चिपक गयी थी। 'उन लोगों' की छाती गर्म तवे जैसी थी, मानो मैं अपने को सेंक रही थी। 'वे लोग' बीच-बीच में मुझे रिहा भी कर देते थे। शायद उन्हें लग रहा था कि मेरा साँस लेना ज़रूरी है और बस, वही मेरे तड़पने के दौरान, बीच-बीच में साँस लेने की मोहलत थी। मैंने 'उन लोगों' की सारी बातें सुन ली थी। वे लोग कह रहे थे–'वे लोग' कर क्या सकते हैं?' बाद में मेरी समझ में आया था। वे लोग मौके की तलाश में ही थे। जब उन लोगों ने भुजाली की तीखी नोक मेरी नाभि पर रखी, शायद वे समझ गये थे कि मेरा क्या हाल होने जा रहा था। ऐन उसी वक्त मैं अपनी आखिरी यन्त्रणा की नियति जान गयी थी।'

'लेकिन 'वे लोग', 'शरीफ लोग' थे! 'चरम शरीफ लोग'! 'उन

लोगों' ने दर्ज किया...'उन लोगों' के ही कथनानुसार—मेरा बलात्कार इसलिए किया गया, क्योंकि मैं बदचलन औरत थी। मैं मन ही मन सिर्फ यह सोच-सोचकर हँसी थी कि 'वे लोग' दरअसल 'उन्हीं के' लोग थे।'

कुछेक पल वह उसी मुद्रा में सिर्फ खड़ी रही। मुझे उसकी जुबानी और कुछ भी सुनायी नहीं दी।

इसके बावजूद मैंने 'उससे' एक बार फिर पूछा, 'लगता है, तुम और भी कुछ बताना चाहती हो, क्यों?'

उसने कोई जवाब नहीं दिया। वह सिर्फ बैंगनी आकाश पर अपनी नज़रें गड़ाये रही।

थोड़ा ठहरकर उसने कहा, 'आसमान के तारों को देख रहे हो? जुगनू की तरह कितनी खूबसूरती से जगमगा रहे हैं?'

लेकिन मुझे जाने किसकी तो दबी-दबी रुलाई सुनायी दे रही थी। हवा अभी-अभी हमारी कोठरी में जलते हुए दीये को झकझोर गयी थी, जाहिर है कि आवाज़ हल्की-सी ऊँची थी। मुझे बाहर से सुनायी दे रहा था—

'वह कौन है?'

'फरजाना!'

मेरी तरफ देखे बिना उसने कहना शुरू किया।

लेकिन उसकी आवाज़ मेरे कानों में यन्त्रणा जैसी बज उठी। वह आवाज़ मेरी छाती से लहरों की तरह ही टकरा रही थी। जाने कितने जमाने पहले के जाने-पहचाने गुम हो जाने वाली 'वह' रुलाई। मैं बखूबी समझ रहा था कि रुलाई ने मुझे आकुल-व्याकुल कर दिया था। मैं उसके करीब चला आया और उसी तरह सींखचों से सिर टिकाकर खड़ा हो गया। चाँदनी का धुँधला नीलाभ आलोक, शहर में मर्मर लहरें उठाती हुईं, शहर की छाती पर बिखर गयीं। एक शीर्ष शैशव आगे बढ़ा आ रहा था। उसकी दोनों आँखें वीभत्स ढंग से कटी पड़ रही थीं। लेकिन, वह इस तरह रो क्यों रही है?

'दुः...दुःखित हूँ! तुम बुरा न मानना, मेरी आवाज़ ज़रा ऊँची हो गयी थी।'

'तुम्हें शायद भूख लगी है या शायद वह अपनी माँ को खोज रहा है...'

'माँ 'उसकी' क्या यहीं है?'

'हममें से कोई भी सटीक नहीं बता पायेगा। उस मृत्युंजय की जुबानी ही जो थोड़ा-बहुत सुना था—'उसकी' माँ ने 'उसकी' गर्दन पर हाथ रखा था—। कहते हैं, 'उसकी' माँ भी बाद में यहीं चली आयी थी।'

'देख रहा हूँ, वह तो तुम्हारी तरफ ही आ रहा है।'

'किसी-किसी चाँदनी रात में वह अकसर चला आता है। हमारे घरों के सामने घूमता-फिरता रहता है। भोर ओस पड़ने से पहले ही लौट जाता है...लेकिन जितनी भी बार मैंने उसे अपने करीब खींचा है...उसे पेट पकड़े ही देखा है। लगता है, वह भूख लगने पर ही रोता है। वैसे तो वह बात ही नहीं कर पाता।'

'मुझे भी यही लगा। वह खाने ही आ रहा है। उसका रोना-धोना खाने के लिए ही है। उसे खाने के लिए कुछ दे देना चाहिए।'

'धत्त! पहले राइला आगे बढ़कर, उसके मुँह में अपनी छाती ठूँस देती थी। कई एक दिन मैंने भी कोशिश की थी। लेकिन हममें से किसी की भी छाती में बूँद भर भी दूध नहीं है। चूसने पर खून के अलावा और कुछ नहीं निकलता। शुरू-शुरू में थोड़ा-बहुत चूस भी लेता था, छाती चूसकर, कुछ देर को चुप हो जाता था, उसके बाद, फिर जस का तस! उतने-से बच्चे को खून भला क्यों सुहायेगा?'

वह आकाश पर ही निगाहें गड़ाये हुए था। मैंने उसकी नंगी पीठ से अपने बदन पर पड़ी काली जैकेट वाली पीठ सिर्फ सटा दी। अगले ही पल बन्द दरवाज़े की तरफ मेरी गर्म श्वास शोर मचाती हुई बाहर आ पड़ी थी।

मेरा कान उस वक्त बार-बार शैशव की तरफ पहुँच जाना चाहते थे।

सुदूर सतरंगी तितलियों ने अन्तिम पहाड़ के शिखर पर अपने पंख फैला दिये! कुहासे का पहाड़! असल में सब कुछ मरीचिका थी! जवान मरीचिका! तमाम मेघ अपने बदरंग, मुरझाये पंखों के सहारे तैर रहे थे!

'ठीक है, तुम बोलो, मैं सुनता हूँ।'

'तुम्हारी सदाबहार बुरी-सी सूरत है! मुँह बेहद फूला-फूला हुआ...'

'और...?'

'तुम बेहद ध्वंसात्मक हो।'

'और?'

'और...कहा न, तुममें मुझे कोई बुनियादी नैतिकता नज़र नहीं आती।'

'इन सबके लिए काफी सारा वक्त मिला था...। ख़ैर, तुमसे बहुत कुछ सीखने को मिला।'

'इस वक्त तुम मेरी हर बात पर व्यंग्य बरसा रहे हो।'

'तुम्हारी बातों से जो-जो मतलब निकलता है, वही कहने की कोशिश कर रहा हूँ।'

'डिस्गस्टिंग...'

'कौन-सी बात?'

'तुम्हारा-मेरा रिश्ता!'

'ये अचानक?'

'तुम्हारा यही आदर्श है? यही आइडियोलॉजी है? मुझे लगता है, यह काफी बैकडेटेड है! बेहद पुरातनपंथी!'

'तो मॉडर्न क्या है?'

'मुझे ठीक-ठीक नहीं पता! तुम्हारी तरह मुझसे सोचा नहीं

जाता। लेकिन तुम्हारा कैजुअलनेस...तुम्हारा अन्तर्मुखी होना... तुम्हारा एक ही पैंट-शर्ट पहने मेरे साथ दिन पर दिन...इस भूमण्डलीय गाँव में तुम्हारी कोई महत्ता नहीं है।'

'तुम्हारे मन में अब कुछ भी हरक़त नहीं करता? मतलब कोई भी मूल्यबोध...?'

'पता नहीं! लेकिन मैं इतना ज़रूर समझता हूँ कि मेरा कोई फ़ायदा नहीं...तुम अपने किसी 'यूटोपिया'...यानी कल्पना-जगत में डूबी रहती हो...अभी भी, मैं तुम्हें ठीक तरह समझ नहीं पाया।'

'हमारा रिश्ते का यह चौथा साल है, लेकिन तुम्हारे भेजे में भूसा भरा हो, तो इसके लिए मैं जिम्मेदार नहीं हूँ।'

'देखो, हमारे सिर पर फिलहाल पुरानी और छोटी ही सही, एक छत तो है...'

'देखो, यह पूरा का पूरा मामला मुझे बेहद घृणित लग रहा है! बेहद हिकारतभरा!'

'यानी अब वही आदमी परफेक्ट है?'

'कौन?'

'उस दिन जिसकी बाइक पर, उसके पीछे बैठी हुई थी।'

'वह मेरा मौसेरा भाई था।'

'ऐसे-ऐसे भाई क्या तुम्हारे और भी हैं?'

'तुम कहना क्या चाहते हो?'

'आवाज़ धीमी करो! धीरे बोलो!' मैं यह कहना चाहता हूँ कि हम दोनों ने कई-कई रातें बेहद सुखद गुज़ारी हैं?'

'मेरी नज़र में वह बे-हद 'फनी' था!'

'तब कमोबेश मामला यह ठहरता है कि तुम किसी आदमी के लिए महज़ उसकी बाल सखी थीं...?'

'नीच! टुच्चे कहीं के!'

...बेहद लाचार होकर, तुम्हें कुछेक बातें लिखनी पड़ रही हैं। मुझे मालूम है, तुम भड़क जाओगे। मगर ज़रा सोच देखना! तुम

क्या कर रहे हो—नहीं कर रहे हो, तुम इसकी जानकारी मुझे नहीं देते। ख़ैर, मैं भी नहीं जानना चाहता, क्योंकि पूछने पर भी तुम शायद मुझे न बताओ। भगवान से मेरी यही प्रार्थना है कि तुम तरक्की करो और अपना निर्वाह करते रहो। हालाँकि तुम्हारी नौकरी के बारे में सुनकर, मन बेहद उदास हो गया मुझे पता चला है कि आजकल तुम घर पर नहीं रहते। कहाँ रहते हो, मुझे जानकारी तो होनी चाहिए। जब तक ज़िन्दा हूँ, तुम्हारी खैरियत की ख़बर लेता रहूँगा। वैसे तुम बड़ी ग़लती कर रहे हो? सुना है तुम राजनीति कर रहे हो। मेरी सलाह है कि तुम इन सब राजनीति में अपने को मत फँसाओ। ज़रूरत हो, तो वहाँ से चले आओ। अगर पुलिस एक बार तुम्हारे पीछे पड़ गयी, तो मैं तुम्हें नहीं छुड़ा सकूँगा। इतनी दूर से मैं तुमसे और क्या कहूँ?

इति

बप्पा

मेरे दिमाग़ की नसें बेहद भूखी हो उठी हैं। वे सब खून माँगती हैं! मेरे बप्पा का ताज़ा लाल खून?

'वह जो...दूर...वो घर-मकान हैं न...'

'यानी वे घर-मकान ही?'

'हाँ, वही! 'गैंग ऑफ जेंटलमैनस क्वार्टर' हैं! झुण्ड भर शरीफों का घर-मकान!'

'वे सभी लोग रामला में रहते थे?'

'मुझे पक्का विश्वास है, वे सभी लोग रामला में ही रहते थे। हालाँकि मैं कभी भी उनके क्वार्टर में नहीं गया। खासकर, उस घर की तीसरी मंज़िल पर...'

'लेकिन क्या तुम्हें लगता है कि उन लोगों को मेरी माँ की ख़बर की जानकारी होगी?'

'मेरा मतलब ठीक यह नहीं है। लेकिन...रामला की ऐसी कोई ख़बर नहीं है, जो वे लोग जानते न हों। ये सब हक़ीकत तुम नहीं

जानते थे, लेकिन मैं जानता था। उन लोगों की दुनिया के लोग भी मुझे जानते थे।'

'तो तुम भी चलो न मेरे साथ!'

'मैं नहीं जाऊँगी। वे लोग भेड़ियों की तरह मुझे चीर-फाड़कर खा जायेंगे। वे तमाम शरीफ लोग...असल में वे लोग जान गये थे...कि दरअसल मैं क्या हुई जा रही थी...'

'लेकिन चाँदनी के आलोक में यह घर बड़ा धुँधला-धुँधला लग रहा है, मुझे बड़ा डर लग रहा है! अन्दर की कोई रोशनी मुझे नज़र नहीं आ रही है।'

'देखो, तुम्हें डरने की ज़रूरत नहीं है। अन्दर सब कुछ मौजूद है! यहाँ अगर कोई कुछ करना भी चाहे, तो भी कुछ नहीं कर सकता! यहाँ की यही नियति है।'

इतना कहकर वह पथरीली चढ़ाई की तरफ लौट गया था। लेकिन मुझे उसे दुबारा पीछे से आवाज़ देनी पड़ी। उसने ज़रा ऊँची आवाज़ में ही मुझे पुकारा था। सच तो यह था कि बेहद लाचारी में उसने मुझे बुलाया था।

'सुनो, ज़रा होशियारी से जाना। ज्वार उमड़ने का वक्त हो आया है। ज्वार आते ही सारा शहर खून में डूब जायेगा। कुहासा छाने से पहले ही चाहे जैसे भी हो, वापस लौट आना।'

दरअसल वह जानती थी कि कुहासे से मुझे बेहद डर लगता है। इतना कहकर उसकी नंगी देह धीरे-धीरे उतराई की ढलान पर विलीन हो गयी।

मैं शायद दक्षिण की तरफ चलता जा रहा था। ऐसा लग रहा था कि जेंटलमैन क्वार्टर की दक्षिण की तरफ चल रहा था, जबकि यहाँ मुझे जानी-पहचानी राह पकड़ लेनी चाहिए थी।

मैं पथरीले तट पर लहरे मारते प्रान्तर से होकर आगे बढ़ रहा था। सारा कुछ वहाँ मुँह बाये विशाल शून्यता के गाढ़े नीले अतल में डूब-उतरा रहा था। चाँदनी का जादुई आलोक मानो मेरे लक्ष्य पर

अचल हो गया था। मैं तो सिर्फ यह देख रहा था कि मैं उस पथरीले प्रान्त के दिगन्त सीमा के अँधेरे में धीरे-धीरे विलीन होता गया। यहाँ तक कि अब मुझे अपने बदन की छाया तक नज़र नहीं आ रही थी।

उन लोगों ने भी दरवाज़ा सिर्फ उढ़का रखा था। कॉरीडोर के करीबी कमरों से किस लम्बे सूत की तरह, रोशनी की महीन-सी धारी बाहर तक आ रही थी। मैंने हर कमरे में झाँककर देखा। लेकिन मेरा इरादा उन कमरों में क़दम रखने का नहीं था। मैंने तो उन कमरों में दूर से ही ताक-झाँक भर की थी।

मुझे उनमें से किसी की भी आवाज़ सुनायी नहीं दी। उसने मुझे बताया था कि यहाँ ज़्यादातर रमाला के बाशिन्दे ही रहते हैं। उन सभी लोगों के सामने नंगी औरतों का जिस्म था और हाथ में लाल पानी का गिलास! हालाँकि मुझे यह बिल्कुल ही समझ में नहीं आ रहा था कि वह लाल पानी कहीं इनसान का खून तो नहीं है, क्योंकि यहाँ खून बेहद सस्ता था। इसके अलावा समूचा शहर हर दिन खून में ही तो बह जाता है। उन लोगों में से कोई-कोई नाच भी रहा था और दीये की रोशनी में उन लोगों के तन-बदन की दूषित-गन्दे कूड़ा-कर्कट, उनकी चिकनी चमड़ी पर फूट-फूटकर चमक रही थी।

उनमें से हर आदमी नशे में बिल्कुल टुन्न था। वे लोग ज़रूर अपनी-अपनी तरक्की की चर्चा कर रहे थे। बातें करते-करते उनमें से कोई-कोई एक-दूसरे के बिस्तर की तरफ बढ़ जायेंगे। उनकी जुबानी सद्यःजात शब्द एकदम से फुसफुसा उठेंगे—समस्त तरक्की ही असल में यौन से जुड़ा है। यह भी हो सकता है कि वे सब औरत-मर्द एक-दूसरे के साथ किसी निश्चयता का गीत छेड़ देंगे—'ज़िन्दगी चाहे...और भी बहुत कुछ...'

इसके बाद—

मैं सीढ़ियों से चढ़कर दूसरी मंज़िल पर जा पहुँचा...वहाँ से

तीसरी मंज़िल पर...! वहाँ मैंने अँधेरे कॉरीडोर में क़दम रखा और सीधे दाहिनी तरफ से आती हुई रोशनी की तरफ बढ़ चला।

दरवाज़े पर ही कोई बैठा था–प्रेत छाया की तरह। तीन सिर आपस में जुड़े हुए, लम्बी-लम्बी उसाँसें भर रहे थे। हालाँकि उन लोगों ने मुझसे कोई सवाल नहीं किया। जब मैं दरवाज़े के सामने जाकर खड़ा हुआ, मैंने देखा–छिटकी हुई रोशनी की लम्बी-लम्बी छाया में उन लोगों की देह की हड्डियाँ, ताम्रवर्णी त्वचा में मुड़ी हों।

वैसे दरवाज़ा धकियाने से पहले, मेरे कान दरवाज़े से ही लगे हुए थे। अन्दर से कई एक पुरुष कण्ठ सुनायी दिया...बेहद टुकड़ों-टुकड़ों में...अधूरे-अधूरे-से...बेहद अस्पष्ट और मर्मर–

'प्लान तो दरअसल...चक्रवर्ती ने ही दिया था...।'

'उसे हम...इसीलिए...कमिश्नर...'

'कमिश्नर बनाया था...क्यों...राय?'

'वेल डन...चक्रवर्ती...शाबास!'

'लेकिन...बैनर्जी ने भी...गेम अच्छा ही...?

'खींच ले गया...बिल्कुल...अल्ट्रा डिफेंसिव!'

'हम सब...लाचार...हो गये...थे।'

'नहीं, नहीं...ऐसा...करना ही चाहिए था...'

'वरना...हम सबमें से...किसी को भी मज़ा...लूटने का...मौका नहीं मिलता...'

'बस,...एक झटके में खींच...लिया...और नजदीक...! अरे...कोई सुन न ले...'

'आ-ह! लेकिन कहीं...बुरा भी लग रहा है...हम...कुछ लोग...'

'यहाँ चले...आये, इसलिए?'

'होता है...होता है...ऐसा थोड़ा-बहुत...होता है। डोन्ट वरी।'

'हमारे...पुरखे महान् थे...हमें अपना वारिस बना गये... रामला में...। लेकिन...'

'हम...मुख्य-मुख्य...सिरों को...उतार पाये...'

'बहनचो...के झुण्ड...साले कहते थे...क्रान्ति करेंगे...'

'साले...गांड़...रुपैय्या...और...औरत...बस...उन सबको तो ज़मीन में गाड़ देना चाहिए था...'

'अरे, मुँह दबाओ...तो दूध निकले...

'सब निकल पड़ते थे...राय ठीक ही...कहता था।'

'क्यों, अगरवाल, मूड ऑफ?...ज़रा-सा...'

'अरे, पकड़कर हींच लो...अभी भी...धर्म से डराते हो?'

'मित्तिर...तुम भी लेकिन...'

मेरे अनजाने में ही अचानक मेरे दाहिने हाथ ने दरवाज़े का एक पल्ला धकिया दिया। उनमें से ही कोई पुरुष कण्ठ सुनायी दिया।

किसी ने चीखकर पूछा, 'कौन है वहाँ?'

मेरा हाथ उन लोगों के लिए अपरिचित ही था। मुझे अन्दर अपना सिर घुसेड़ना पड़ा।

मैंने कहा, 'मैं हूँ...'

'अन्दर आओ।'

अन्दर दाखिल होकर, मैंने दरवाजा दुबारा उढ़का दिया। दीये को बीच में रखकर, वे सब एक बड़ी-सी मेज़ को घेरे हुए बैठे थे।

हरेक का चेहरा फीका पीला या उन चेहरों पर अस्पष्ट रोशनी का प्रलेप!

उनमें से सिर्फ किसी एक ने सवाल किया, 'हमारी ख़बर तुम्हें किसने दी?'

'सोमाहिता! मुझे सोमाहिता ने भेजा है...'

यह सुनकर कोई-कोई बुदबुदा उठा, 'ओफ ओ! वह खानगी... रण्डी औरत!'

'भयंकर बात है! यहाँ भी वह हमारे पीछे पड़ी हुई है!' वे सभी लोग नशे में टुन्न थे...

'उसके' निर्देश मुताबिक मैं धुँधलका छाने से पहले ही मैं उसके पास लौट आया। उसके बाद, हम दोनों ही मानो छुरे की मार से ज़ख्मी हालत में निढाल हो रहे। कुहासा हमारी नाक की सँकरी सुरंग से देह के अन्दर पैठता जा रहा था। खून खदबदाकर खौल रहा था और हमारी हड्डियों पर से मांस खिसकता जा रहा था...तख्तपोश की सूखी चादर पर! तमाम स्मृतियाँ मानो ऊब-डूब होती गयीं! घुन-खाये काठ की दरारों से, कई-कई हज़ार पहले मृत सभ्यता की ईंटों की गहरी खोहों में समाती जा रही थीं।

'छिः क़िस्मत में यह सुनना बदा था?'

'इसके अलावा कुछ करना भी तो सम्भव नहीं था।'

'इसलिए क्या वह काका के बदन पर हाथ उठायेगा? वह रिश्ते में तुम्हारा काका लगता था।'

'उसने निकल जाने को कहा, इसलिए कि...'

'तुमने यह बात मुझे क्यों नहीं बतायी?'

'मुझे इसकी ज़रूरत नहीं लगी।'

'ज़रूरत नहीं लगी?'

'तुम न, मेरे जीवन में भयंकर...बिल्कुल फिजूल-सी...'

'इतनी बड़ी-बड़ी बात् छोड़ो। अब तुम सयाने हुए...ज़रा मान लेने की कोशिश करो...तुम्हारी माँ होती, तो वह भी यही कहती...'

'तुम लोगों से घृणा होती है! आक् थूः...'

'तो फिर छोड़ो, जो करना चाहते हो, करो। तुम्हारे लिए मुझे फिक्र होती है...'

'तरस खा रही हो?'

'तुम्हें मुझे दुःखी करने वाली बातें खूब आती हैं।'

समय को अब, दादी-माँ की ज़रूरत नहीं रही। दादी-माँ भी शायद अभिमानवश कुहासे में समा जाना चाहती थी। उन्होंने ज़रूर अपने की समझाया होगा...अब धुंधलके मुझे ढूँढ़ रहे हैं। उसके

बाद, एक दिन...

'यह तुम मुझे कहाँ ले आयी? इस जगह में तो भयंकर दुर्गन्ध फैली है।'

वह मुझे काफी अन्दर तक ले आयी थी। किसी ऊँचे टीले तले! वहाँ चाँद की नीलाभ रोशनी बिखरी हुई थी। उसी ने बताया कि इस शहर के शरीफ लोग, इस जगह को नीच लोगों की बस्ती कहते हैं।

हमारी निगाहें जितनी दूर तक जा सकती थीं, हमने उन लोगों को किसी प्रेतछाया की तरह खुले आकाश के नीचे, पथरीली ज़मीन पर पड़े हुए देखा! निःसंग या जमघट की तौर पर! उन लोगों की देह की लालिमायुंक्त हड्डियाँ हमें घूर रही थीं। वे सभी लोग सड़-गल चुके थे। और उन लोगों की जुबान से यौन के बारे में अकथ्य, अश्लील हँसी-मज़ाक का झरना फूट रहा था। वे तमाम मर्द नशे में टुन्न थे।

'यह बदबू आखिर आ कहाँ से रही है?'

'उन लोगों के बदन से। वे लोग इसी रूप में यहाँ आये थे। इस शहर के सभी शरीफ लोग, इन लोगों को 'नीच लोग' कहते हैं। देखा नहीं कैसी अश्लील गाली-गलौज कर रहे हैं और ज़ोर-ज़ोर से बातें कर रहे हैं?'

'एइ, उठ, चलता बन यहाँ से! खानगी का बेटा?'

लगभग रुग्णप्राय, खनखनाती आवाज़ वाली औरत ने उस मर्द के बाल, अपनी मुट्ठी में कसकर, उठाकर खड़ा कर दिया। उसके बाद, उसे धकियाते हुए, वह उसे जमघट से बाहर निकाल लायी।

'चल, खानगी के बच्चे, खूब चढ़ा लिया है।'

मर्द सिर झुकाये, पथरीली ज़मीन पर पाँव रखे, लड़खड़ा रहा था।

'तू...तू...तूने मुझे गाली दी? अरे, शिवरात्रि को उपास रखकर,

पूजा-पाठ किया, तब जाकर मुझ जैसा शिव तुझे मिला। मैंने मुझे अपनी जटाओं में धारण किया, मादरचो...की बेटी... आज तू जहन्नुम में गयी! जहन्नुम की रण्डी...।'

'हाय रे, मरदूद मोरा', अपने सिर पर धारण किया था न...? अरे, यह क्यों नहीं कहता कि अपने गाँड में धारण किया था...'

'समझी, री, मेहरिया, इसे ही कहते हैं कलियुग! बेईमान कहीं की! मेरा प्यार-दुलार मिला, तभी तो तू फलवती हुई।'

'बलि-बलि जाऊँ तेरे लाड़-प्यार की! माल चढ़ाकर, हर बरस-बरस ठप्पा मारता रहा और साल-दर-साल हम बच्चे जनती रही! मैं पूछती हूँ, उन बच्चों को हम ठुँसाऊँ कहाँ से? चल, रुपैये निकाल...रुपैये!'

नीलाभ चाँदनी में प्रेतछाया की तरह, वे दोनों प्राणी धींगा-मुश्ती कर रहे थे। उस औरत ने ही पहले मर्द की लुंगी, झटका देकर खींच ली। अगले ही पल अपने दुबले-पतले हाथों से, उसने हताशा में, गुस्से में आकर, उस मर्द के गाल पर कसकर थप्पड़ जड़ दिया। पुरुष अपने को सँभाल नहीं सका। वह छिटककर ज़मीन पर गिर पड़ा और रोता रहा...रोता रहा।

'तूने मुझे मारा, बहुरिया? ले, मार डाल, मुझे मार ही डाल। मरकर हड्डी बन जाऊँगा...तब नदी के पानी में मुझे डोंगी में लेकर बहती-उतराती रहेगी, बेहुला की तरह! लाख सिर पीटेगी, मगर मुझे नहीं पायेगी! बहुरिया रेऽऽऽ, हे मोर बहुरिया!'

वह औरत फफककर रो पड़ी! उस मर्द के पाँवों में लोट गयी, शायद पति का अभिशाप सुनकर!

हालाँकि हममें से किसी पर उनकी नज़र नहीं पड़ी, लेकिन कुछेक पल के लिए मैं विह्वल मुद्रा में जहाँ का तहाँ खड़ा रहा।

'तुम्हे क्या लगता है, मेरी माँ यहाँ हो सकती है?'

नहीं, ऐसा लगता तो नहीं! फिर भी...किसी खोये हुए प्राणी को जहाँ तक सम्भव हो, हर कहीं, खोजना चाहिए।'

'मुझे पक्का विश्वास है, माँ यहाँ नहीं होगी।'

'फिर भी...फिर भी इस दुनिया की पहचान तुम्हारे लिए ज़रूरी है।'

'यह दुनिया मेरे लिए अपरिचित नहीं है। इन लोगों को रामला में अक्सर देखा है। महिलाएँ बाबू लोगों के घरों में कामकाज करती थीं और मर्द लोग, ज़्यादातर खलासी होते थे या फिर मोटिया-मजूर होते थे या राजमिस्त्री का काम करते थे। कुछ लोग छोटे-मोटे कारखानों में भी नौकरी करते थे। बाकी कुछ लोगों ने छोटी-मोटी दुकानें खोल ली थीं—मुमकिन है, इन सबकी जानकारी तुम्हें भी हो।'

हमारे आगे बढ़ने की राह में पत्रहीन, एक विशाल ठूँठ-सा पेड़ खड़ा था। उसके सूखे हुए पत्रों की दरार से आधा चाँद झाँक रहा था। प्रेतछायाएँ उसी पेड़ पर बैठी हुई थीं! आपस में सिमटी-सिकुड़ी। उनकी आवाज़ें यहाँ तक सुनायी दे रही थीं! हर किसी की आवाज़ बिल्कुल स्पष्ट और साफ़-साफ़!

—पूरे दस बरस तक काम किया और अन्त में बहू जी ने चोरी का इल्ज़ाम लगा दिया! ख़ैर, भगवान जो करते हैं, भले के लिए ही करते हैं...

—यानी तुम ऐश से रहती थीं, लीज़ का घर था, लीज़ का बाथरूम था। इतने सुख-आराम के बाद भी तुम भर-भर मुट्ठी चोरी किया करती थीं। भगवान की मार भी तो कोई चीज़ होती है या नहीं? हगने से पहले पेट से पादने की भी तो आवाज़ आती है...

—लेकिन मेरा मालिक बाबू ख़ासा भलामानस था। उसने कहा था—अब और कहाँ जावेगा, पड़ा रह यहीं! उसने गले का हार, कान की लटकन, पाँवों के लिए तोड़ा बनवा दिया था—

—हाँऽ री सावी, हर किसी के नसीब में क्या इतना सब जुटता है?

—अल्लो, तू यह कहता है...हम भी तो...मोरा वह छुटका तो

उसी की देन था। लेकिन वह बेचारा भी क्या करता? बहू जी हमेशा बाहर-बाहर ही रहती थी...सो हमारा बाबू, मोंसे दो-चार प्यार-मोहब्बत की बात कर लेता था...चाहे कुछ भी हो, था तो मरद मानस!

—हमारे बाबू की मेहरिया, घर में कितने-कितने लोग ले आती थी और सिगरेट पीती थी। उस बखत बाबू घर पर नहीं होते थे।

हम दोनों उस जगह की लगभग आखिरी छोर तक पहुँच गये थे। आसमान से बरसती हुई चाँदनी में बर्फीली हवाएँ अचानक बवण्डर बन गयीं। अगले ही पल किसी दानव की तरह लहर-दर-लहर ज़मीन की पथरीली ढलान पर सिर पटकने लगीं। फटे बाँस जैसी आवाज़ में उनका बेसुरा गीत गूँज उठा—

समवेत— आये, तो आये न सुधार
चाहे जितना करो ज़ोर-ज़ार
सबकी फूटी तकदीर में अँधियार
समवेत— आये, तो आये न सुधार,
गर प्रण किया, मारेगा जान से
ठुड्डों के सिर पर, मारना ज़ोर से!
समवेत— आये, तो आये न सुधार

लेकिन वह गन्ध धीरे-धीरे तीखी होती गयी। हवाएँ ही उस दुर्गन्ध की वाहक थीं। समूचा प्रान्त रेगिस्तान की तरह निस्पंद पड़ा था। आस-पास, दूर-दूर तक कोई आदमजात नज़र नहीं आ रहा था।

समवेत— मार मोर भइये, ज़रा ज़ोर से
जावेगा ढुड्डा, माटी तले
समवेत—आये, तो आये न सुधार
आये, तो आये न सुधार
कर पाया गर सुधार
छंउड़ी मिलेगी, जवान-जानदार!

बस्ती को पीछे छोड़कर हम काफी दूर निकल आये थे। दुर्गन्ध धीरे-धीरे हमारी नाक में भरता जा रहा था, हालाँकि उसे साथ लेकर चलने में मैं अपने को काफी उत्साहित महसूस कर रहा था!

बेहद आकांक्षित, फिर भी किसी अनजानी-अचीन्ही किसी अतृप्त कामना के खिंचाव के वशीभूत, उसने कहा कि वह इस इलाके को जानती है। वह इस ओर कई बार आ भी चुकी है। यहाँ से घूमकर, नदी-किनारे की सड़क काफी नजदीक थी।

'पानी! पानी!'

अचानक यह गुहार हम दोनों के कानों में तीर-सी चुभ गयी। हमसे कुछ ही दूर पर नज़र आती ढलान पर कोई झुलसी हुई नारी-देह लेटी हुई थी। वह औरत चाँदनी की रोशनी में वह सिमटी-सिकुड़ी प्रेतछाया-सी लग रही थी। उसकी आँखों का सफेद हिस्सा मानो गल-गलकर माथे पर बह आया था। वह मानो किसी फटे हुए अण्डे की तपिश से जमी हुई लार की तरह लग रही थी।

'उन लोगों की आवाज़ पहचानी नहीं जाती।'

'मुझे भी कुछ ऐसा ही लग रहा है...'

—'पानी! पानी!'

'उन लोगों को, कोई भी, किसी दिन पहचान नहीं सकेगा—असल में, वे लोग हैं कौन? इस शहर में आने से पहले, उन लोगों को अपनी समूची दुनिया बेहद अँधेरी नज़र आती थी और बिल्कुल इसी रूप में वे लोग हमेशा-हमेशा के लिए यहीं रह जायेंगी।

'क्या तुम्हें विश्वास है कि मेरी माँ भी यहाँ, इसी तरह पड़ी होगी?'

'यह तो तुम्हीं जानो! तुमने कभी, कुछ सुना नहीं?'

'कुछ भी तो नहीं बताया 'उन लोगों ने'। बस, सिर्फ टाल गये थे। सुनो, सोमाहिता, मैं बिल्कुल नहीं चाहता कि अपनी माँ को यहाँ इस हालत में नहीं पाना चाहता।'

आखिरकार, हम नदी-किनारे लौट आये। हमारे सिर पर, समूचे

शहर के आकाश पर उदास कर देने वाली, चाँद की चाँदनी बिखरी हुई थी। यहाँ से हम दोनों के अलग हो जाने की राह शुरू होती थी।

मैंने कहा, 'अच्छा, तो आज मैं चलूँ...'

उसने कैफियत माँगने के लहजे में कुछ पूछा।

'तृषा को मैंने काफी लम्बे अर्से से नहीं देखा...'

वह सर्द खून की तरह उदास और बुझी-बुझी सी नज़र आ रही थी।

उसने पूछा, 'तुम मुझे नहीं चाहते?'

'लेकिन हम दोनों कभी रामला में तो नहीं मिले।'

'अगर ऐसा होता, तो तृषा को तुम्हें गँवा देना पड़ता।'

'पता है, अपने पूरे आत्मविश्वास और अपने मन में रची-बसी कविता की तरह मैंने कहा था—'तृषा, तुम मेरे धुँधलके के पहाड़ में बिखरे हुए इन्द्रधनुष की तरह हो।' ऐसा भी तो हो सकता है कि वह तुम्हारे अन्दर भी रँगी हुई होती।'

उसे कहना ही पड़ा, 'कम से कम आज के दिन अगर... लेकिन, अब कुहासा घिरने ही वाला है...'

बिस्तर पर बप्पा के जीवन्त मांस का लोथड़ा, गतिहीन और जड़वत् हो आया था। 'उसकी' छाती का बैंगनी खून, नसों की राह दौड़ता हुआ, कुछ-कुछ फुसफुसाता हुआ, बप्पा के नज़दीक तक लुढ़क आता था। खून की वह धार ज़रूर बप्पा की चमचमाती टिन जैसी छाती पर आघात हनती थी। बप्पा की टिन जैसी फूली हुई छाती ज़रूर पिचककर टेढ़ी-मेढ़ी हो गयी थी...

'यानी तुमने उसे रुपये दिये हैं?'

'हाँ, दिया है। अच्छा किया है!'

'क्यों दिया? मुझसे पूछे बिना क्यों दिया?'

खिड़की का मायावी वातास बप्पा की नाक में घुस आया और बप्पा की पिचकी हुई टिन की छाती ज़ोर से टनटनाते हुए, फूल उठी।

'जाओ, चली जाओ! मुझसे दूर चली जाओ।'

'टुच्चे लोगों की तरह चीखो मत!'

'जुबान सँभालकर बात करो।'

'नहीं, सँभालूँगी जुबान! इसी जुबान में बात करूँगी। रुपये तुमने क्यों दिये? उस नीच, बदतमीज़ बेटे को रुपये क्यों दिये?'

'तुम कौन होती हो...?'

'तुम्हारा दुःसाहस तो कम नहीं है...'

'अभी तो मामूली-सा दुस्साहस दिखाया है, इससे ज़्यादा दिखाता, तो अच्छा होता।'

'तुम मेरा क्या बिगाड़ सकते हो? तुम्हारी नीयत क्या है?'

'देखो, मैं बेहद शराफत से...बेहद शान्त लहजे में कह रहा हूँ, आवाज धीमी करो, रात का वक्त है।'

'आवाज़ पहले तुमने तेज़ की थी—पहले तुम चीखे थे।'

'तुम सफ़ाई न माँगती, तो मैं नहीं चीखता।'

'उसकी' छाती का नीला खून, ज़रूर उस वक्त बप्पा के सीने पर दंश मारने को आमादा था, 'स-फा-ई? एक बार नहीं, सौ बार माँगूँगी! सूअर के बच्चे, मुझे यह सुनाने चला है कि वह मेरी कोख का जना नहीं है! नीच कहीं का! टुच्चा! बदतमीज़!'

'तुमने उसे यह कहने को मज़बूर किया था!'

ठीक! ठीक ही कहा उसने, 'वह मेरी कोख से पैदा नहीं हुआ, ज़रूर किसी सूअर की कोख से पैदा हुआ है।'

'मैं फिर आगाह कर रहा हूँ, जुबान सँभालकर...'

'सुनो, तुम्हें 'उसे' पैसे देना बन्द करना होगा। नम्बरी आलसी, निठल्ला कहीं का! बाप की गर्दन पर सवार होकर, भकोसता है...'

'देखो, फिजूल की बकवास मत करो।'

'यह फिजूल की बकवास है?'

'जब जरूरत होगी, मैं उसे ज़रूर दूँगा।'

'तब 'उसका' क्या बनेगा? 'उसका' अपना कहने को क्या बचेगा?' इससे तो बेहतर है, वह मर जाये! निर्लज्ज, आलसी कहीं का! बेहया!'

'एइ, चलो, फूटो! फूटो यहाँ से! साली! खानगी औरत!'

'ओफ ओ, माँ! तुम लोग चुप करोगी?'

'उसकी' आवाज़ में नीरस कड़वाहट और चीख की यन्त्रणा कातर मूर्च्छना झलक उठी।

'मुझे तुम्हारे साथ नहीं रहना...'

बप्पा की छाती में मचोड़ उठती रही, धीरे-धीरे चपटी होकर पिचकती गयी! बप्पा की टिन की फूली हुई छाती, मांस का जड़ पिण्ड लगातार आघातों से पिचकती गयी...पिचकती गयी...

'शहर में एकमात्र तुम ही हो, जो दूसरों की दुनिया में घूमते-फिरते हो।'

'इसके अलावा और उपाय भी क्या है? यहाँ तक कि तुम्हारी दुनिया में भी...'

'अरे, नहीं, नहीं, इसलिए यह सोचने की कोई वजह नहीं है कि इसलिए हम बेहद परेशान हैं या चिढ़े हुए हैं! सच तो यह है कि हम लोग यही चाहते हैं कि हमारी बातें, हमारे बारे में कोई न कोई जाने, हालाँकि हम सब खुद, दूसरे किसी के बारे में जानने में कोई दिलचस्पी नहीं रखते।'

'ये सारी बातें मेरे लिए बेहद दुर्भाग्यपूर्ण हैं।'

'लेकिन मेरा ख़याल है कि यह हम सबके लिए बेहद सौभाग्यपूर्ण है, क्योंकि सभी को यहाँ से जाना होगा, हमेशा-हमेशा के लिए।' यह कहते-कहते वह तख्त पर लेट गयी और गहरी-गहरी उसाँसें भरने लगी।

'रामला में भी तुम इसी तरह पेश आती थीं?'

'हाँ, आने लगी थी...लेकिन, बहुत बाद में...ख़ास फायदा नहीं हुआ।'

'कम से कम जो पुराने लोग थे...'

'पुराने लोगों में से, जैसा कि तुमने कहा, बहुतेरे लोग खो चुके थे। उन दिनों रामला में नये-नये लोगों के चेहरे नज़र आने लगे थे! उनमें भी बहुतेरे लोग हमारी जाति के नहीं थे! ख़ैर, जो भी हो, 'वे सभी' लोग जाने कैसे ज्वार में बह रहे थे और बहु-तल इमारतों में, कबूतर के दरबे में समाते जा रहे थे। 'उन लोगों' ने हमें याद ही नहीं रखना चाहा। मेरे आस-पास, कोई-कोई, जो मेरी या हमारी तरह ही इस शहर के 'पुरानी' दुनिया में रहते थे, 'उन लोगों' की तरह नयी दुनिया में क़दम नहीं रख पाये। उन लोगों को इस बारे में बस, अस्पष्ट-सी जानकारी थी।'

'मेरी तरह तुम्हारा भी जीवन बेहद दुर्भाग्यपूर्ण रहा। लेकिन, यहाँ, हममें से किसी की भी दुनिया के बारे में तुम्हें जानने-सुनने में दिलचस्पी नहीं हुई। यह तो सच है न? यहाँ तक कि हम सब भी...'

मैं समझ गया कि इस शहर में, काफी दिनों के बाद, एकमात्र उसी ने मेरे मुँह पर एक मुश्किल सवाल उछाल दिया था। शायद वह समझ गयी, लेकिन...मेरी तेज़-तेज़ साँसें, रोशनी की उस दीवार पर सिर पटकने लगीं। रोशनी की हल्की लौ उद्भ्रान्त की तरह लपलपा उठीं। अब, मेरी जुबान बिल्कुल ख़ामोश हो गयी। अब सिर्फ बाहर की सर्द हवा मेरे तन-बदन से लिपटी हुई थी। मुझे फिर किन्हीं लोगों की टुकड़ा-टुकड़ा, अस्पष्ट आवाज़ें सुनायी देने लगीं। ये आवाज़ें शायद दीवार की दूसरी तरफ की कोठरी से आ रही थीं।

'तुम्हारी वजह से...माँ...मुझे गहरी चोट लगी थी...।'

'चोट तो मुझे भी लगी थी...सीने में भयंकर दर्द...'

'मैं...उस वक्त...दर्द बर्दाश्त-बाहर हो गया था...'

'जानती हूँ...सब कुछ...मेरी समझ में आ रहा था...'

'क्यों, माँ, क्यों...मुझे एक भाई या बहन नहीं दिया तुमने... क्यों?'

'वह मरदूद मेरे चित्त से उतर गया था... तब और कोई...'

'ऐसा क्या हुआ था, तुम दोनों में? तुम दोनों की वजह से, मेरी ज़िन्दगी...'

'वह मानस...बहुत बड़ी-बड़ी बातें ऊँचे-ऊँचे आदर्श छाँटता था।'

'तुम दोनों...उस बुद्धू-बक्काल बुड्ढे के बारे में...पहाड़...हटाने के बारे में बातें किया करते थे न?'

'नहीं...हम 'उसकी' तरह...कोई पहाड़...नहीं हटा सके...'

'मुझे...भयंकर अकेलापन सताता था...इसके लिए...तुम भी... जिम्मेदार हो। तुम ठीकठाक रह नहीं पायीं।'

'वह भी उन 'लोगन' जैसा ही था...' 'उनके' जैसा ही बन गया था। लेकिन...बातें बड़ी अच्छी-अच्छी करता था...किसी ज़माने में!'

'तुम क्या वे...अच्छी-अच्छी बातें हजम कर लेती थीं...हजम कर पायी थीं...?'

'...'

'तुम चुप क्यों हो? कुछ बोलती क्यों नहीं?'

'उसने मुझसे कहा था...'

दूसरी तरफ से आती हुई फुसफुसाहटें सुनकर उसने कहा, 'किनकी तो आवाज़ें सुनायी दे रही हैं न...'

मैंने 'उसका' सवाल काफी धूर्तता से टाल दिया।

'लगता है, यह धानू की आवाज़ है। अरे, वही औरत...जिसके बारे में एक दिन मैंने तुम्हें बताया था, याद है? वहीं धानू बात कर रही है...उसकी ज़िन्दगी भी तुम्हारी-हमारी तरह है...! लेकिन, वह तक़दीर वाली है! यहाँ आकर, उसे अपना खोया हुआ बेटा मिल

गया...यहाँ पहुँचने से पहले, उसका बेटा गुम हो गया था।'

इसके बाद...? इसके बाद, कई एक पलों के लिए, हम दोनों ने वहाँ फैली स्तब्धता में घुल-मिल जाने की कोशिश की...शायद घुल-मिल भी गये। लेकिन बाद में, मुझे जुबान खोलनी ही पड़ी...

'मुझे इस शहर में आये काफी दिन हो गये। का-फी दिन!'

'कितने दिनों बाद...तुम्हें देख रही हूँ...'

'तुम शायद मेरी दुनिया को भूल जाना चाहती थीं...'

'तुमने मुझे चली जाने को जो कहा था...'

'अच्छा! उसी अभिमान के मारे, तुम मुझे छोड़कर चली गयीं?'

दीये की रोशनी में, उसकी आँखों में और होठों पर स्निग्धता झलक उठी।

मैं बिस्तर पर सपाट लेट गया? मैंने हाथ-पैर फैला दिये।

'कितने दिन गुज़र गये...कितने दिन...लम्बा अरसा...है न, तृषा? अब यह शहर मुझे अच्छा नहीं लगता! यहाँ से मेरा मन उचट गया है।'

'तुम्हें अपनी माँ का पता नहीं चला न?'

'नहीं! यहाँ कहीं भी उसका नामोनिशान नहीं मिला।' मेरी लम्बी गहरी उसाँस से समूचे कमरे में गहरी निस्तब्धता मूर्त हो उठी, 'लेकिन, फिर भी...एक बार...आखिरी बार...उसे खोजने की कोशिश करूँगा।'

'अगर फिर भी...वह तुम्हें न मिले, तो?'

'तब मेरा मन होगा, मैं लौट जाऊँ! बीच-बीच में मुझे क्या ख़याल आता है, जानती हो? सारा कुछ झाड़-बुहारकर फेंक दूँ और ज़िन्दगी, नये सिरे से शुरू करूँ।'

'ऐसा भला कहाँ सम्भव है? सोमाहिता क्या तुम्हारे मन की यह बात जानती है?'

'तुम्हें भगवान का वास्ता! उसका नाम मत लो! ये सारी बातें सिर्फ तुम्हारे लिए हैं, सिर्फ तुमसे ही कर रहा हूँ...' मेरी जुबान से

ये शब्द बेहद आवेगमय और स्पर्शकातर लहजे में, उसके चेहरे पर पछाड़ें खाने लगे।

'तुम कहाँ लौट जाना चाहते हो? रामला?'

'हाँ, चाहता तो हूँ। लेकिन अब वहाँ कोई भी वापस नहीं लौट सकता। यही तो भवितव्य है! अगर यह सम्भव भी हुआ, तो तुम्हें भी दुबारा गँवा दूँगा।'

'नहीं, मुझे तुम कभी नहीं खो सकते। तुम्हारी इन्द्रधनुष बनकर, मैं तुम्हारे साथ ही रहूँगी, जैसे हमेशा रहती आयी।'

मेरे तन-मन की जोड़-जोड़ में भयंकर थकान और अवसाद, मुझे खरोंच-खरोंचकर खाने लगी। इसके बावजूद मैंने अपना सब कुछ उतारकर उस कमरे के अँधेरे-उजाले की पृष्ठभूमि में, बिस्तर के एक कोने में उछाल दिया। उसकी बड़ी-बड़ी आँखें, गहरे और अन्तहीन प्रश्रय के साथ, मेरे चेहरे पर टिक गयीं!

मैं उठकर, उसके करीब भी आ गया। उसके कन्धे पर अपना हाथ भी रख दिया। उसने अपनी पलकें झुका लीं। अगले ही पल उसके तन-बदन से लिपटी रात की काली पोशाक, खिसककर गिर पड़ी। दीये की लौ में सतरंगी तृष्णा जाग उठी।

उस वक्त वह कुछ बोली नहीं! कुछ भी नहीं!

दो-चार पलों बाद, उसने सिर्फ इतना ही कहा, 'लो, देखो, कुहासा घिर रहा है! मैं ही तो कुहासे में तुम्हारी इन्द्रधनुष थी।'

उसके बाद...

'...'

'....मैं समझ सकता हूँ कि तुम्हारे मन के भीतर काफी अभिमान जमा है। जैसे-जैसे दिन गुज़रते जा रहे हैं, मेरी कार्य-क्षमता और आप—दोनों ही कम होते जा रहे हैं और मेरे कारखाने की हालत भी अच्छी नहीं है। जितने दिन मुझसे हो सका, मैंने बहुतों के लिए बहुत कुछ किया। भविष्य में ख़ासकर तुम पर ही निर्भर होकर, मुझे चलना होगा, अब यह बात मेरी समझ में आ रही है।

तुम घर वापस लौट आओ। पहले जो कुछ हुआ, सब भूल जाओ। तुम्हें भगवान का वास्ता, 'यह' राजनीति मत करो। कम से कम थोड़ा-बहुत भगवान पर आस्था रखकर चलो। देखना, किसी न किसी दिन तुम्हारा मंगल होगा।

इति

तुम्हारा बप्पा

सीढ़ियाँ चढ़कर, ऊपर जाते हुए, मुझे किसी ने नहीं देखा। सीढ़ी के आखिरी धाप पर, एकमात्र वही बैठी थी! दरवाज़े से ज़रा हटकर, वह दीवार से टिकी हुई थी। आज वह कुछ ज़्यादा ही फफक-फफककर रो रही थी, वह पिछले दिनों की अपेक्षा भयंकर रूप से फफक रही थी।

मैं उससे कोई सवाल नहीं करना चाहता था, क्योंकि मेरे कान बेहद स्पष्ट लहजे में, सिर्फ उसका बोलना-कहना सुनते रहे थे। हालाँकि उसकी बातें सर्द हवा में बहते हुए, टुकड़े-टुकड़े रूप में, अस्पष्ट न होते हुए भी, काफी कुछ अधूरे, काफी कुछ स्पष्ट सुनायी दिये।

उसने कहा, 'मुझे मालूम है, 'वह' उन्हीं लोगों के पास है। 'वही लोग' उसे अपने साथ ले गये। 'उसने' कहा कि हम लोगों को काफी कुछ नहीं मिला। हमें काफी कुछ मिलना चाहिए था। यह सब अगर बदल जाये, अभी भी हमें काफी कुछ मिल सकता है। वैसे मैं जानती हूँ कि 'उसने' और कुछ भी नहीं किया, फिर भी उन लोगों ने इल्ज़ाम लगा दिया कि वह उग्रवादी हरक़तें करता था। वह दहशतगर्द हो गया है। 'उन लोगों' ने कहा कि 'वह' उनके यहाँ नहीं है...'वही' मेरा एकमात्र सहारा था।'

मैं दुबारा उसकी तरफ मुड़ा, उसके क़रीब आ खड़ा हुआ। वह किसकी बातें कर रही थी? हालाँकि मैंने उससे कुछ नहीं पूछा था और उसने भी मुझे कुछ नहीं बताया था। चूँकि वह अपने दोनों घुटनों में चेहरा गड़ाये, फूट-फूटकर रोती जा रही थी, मुझे एक तरह से हताश होकर ही लौटना पड़ा था। लाचारी में मुझे कॉरीडोर से

आती हुई रोशनी में वापस लौटना पड़ा। दरवाज़े की दरार से भी रोशनी आ रही थी।

वहाँ सभी लोगों की निगाहें मुझ पर ही गड़ गयीं।

सबने समवेत स्वर में मुझे अन्दर आने का आह्वान किया, 'आओ, आओ, अन्दर आ जाओ। आज तो काफी दिनों बाद...'

अगले ही पल, मेरे पैरों के जूते, सख़्त-पुख़्ता फर्श पर हल्की-हल्की मगर तीखी चरमराहट का शोर मचाते हुए आगे बढ़ चले। वहाँ जो लोग मौजूद थे। सब एक-दूसरे से कटे-कटे, अन्तहीन एकाकीपन से भरे-भरे!

खाली कुर्सी हॉल से खींचकर, मैं मेज़ के सामने जा बैठा; उन्हीं लोगों के बीच! वहाँ मौजूद हर व्यक्ति के सामने 'लाल' पानी का गिलास रखा हुआ था।

'तुम्हारी यह काली पोशाक देखते ही, हम सब तुम्हें पहचान गये...' एक व्यक्ति ने कहा।

'हाँ, तो, तुमने क्या बताया, तुम्हें किसने भेजा है...?' दूसरे व्यक्ति ने सवाल किया।

'सोमाहिता ने!'

'अच्छा, अच्छा...वह लड़की? तुम उन लोगों के दल के कोई हो?'

'नहीं, ख़ास कोई नहीं हूँ।'

'अन्त में वह उसी दल में शामिल हो गयी थी, तुम्हें ज़रूर पता होगा?'

दूसरा बोल पड़ा, 'वरना वह लड़की भली ही थी।

'मुझे इन सबकी कोई जानकारी नहीं थी।'

'तुम नहीं जानते थे? तुम्हारी इस बात को सच मान लेना होगा?'

'मानना-न-मानना, पूरी तरह आप लोगों पर निर्भर करता है।'

'उसने तुम्हें हमारे पास क्यों भेजा?' एक ने पूछा।

'तुम्हारा यह छोकरे-सिरफिरों का दल, अन्त में 'उसके' इर्द-गिर्द चकरघिन्नी की तरह चक्कर काटने लगा और हम लोग यह बात जान गये थे।' दूसरा भी टपक पड़ा।

'हम लोगों को अन्त में पता चला कि इतने दिनों से वह हम सबसे फ्लर्ट करती रही थी।' पहला फिर बोल पड़ा।

'वरना हम सब तो यही जानते थे कि उस लड़की के दिल में दया-माया है—' दूसरे ने बयान दिया।

'हम सबको यहाँ भेजने के मूल में, वही लड़की थी, हमें बाद में पता चला...' उन्हीं में से किसी ने कहा।

'यह सब मुझे मालूम है।'

'स-ब मालूम है?'

'उसने मुझे सब बताया था।'

'बताया था...मतलब तुम जानते नहीं थे?'

'हाँ, मुझे कोई जानकारी नहीं थी। उससे मेरी यहीं जान-पहचान हुई थी।'

वे सभी लोग एक-दूसरे की आँखों में झाँकने लगे। अगले ही पल, बिल्कुल दत्तचित्त होकर, अपने-अपने गिलास से एक घूँट भरी और गिलास मेज़ पर रख दिया।

'चैटर्जी, अगर काफी ध्यान दे देखो, तो यह लड़का कैसा सन्देहजनक लगता है न?'

'तुम्हारा नाम?'

'...'

'घर कहाँ था तुम्हारा?

'रामला—' मैंने जवाब दिया।

अगले ही पल उन सभी लोगों की दबी-दबी समवेत आवाज़ सुनायी दी, 'रा-म-ला?'

'भट्टाचार्य जी, इसका नाम कहीं...यह नाम रामला में...लेकिन...' किसी ने कहा।

'यहाँ, हम सब...रामला के बाशिन्दा हैं...तुम जानते हो?' दूसरी आवाज़ आयी।

'जानता हूँ। उसने मुझे बताया था।' मैंने कहा।

'वहाँ के कमसिन छोकरे...क्या 'डेंजरस' थे, रे बाप!'

'यानी तुम उन्हीं छोकरों के गिरोह के हो? तुम ज़रूर उन लोगों को पहचानते होगे!'

'शायद! मुमकिन है, मैं उनमें से किसी-किसी को पहचानता होऊँ।'

'तुम उन्हीं लोगों की तलाश में आये हो?'

'नहीं, नहीं, मैं अपनी माँ की तलाश में आया हूँ। बहुत सालों पहले, मेरी माँ खो गयी थीं...मेरे जनम के कई सालों बाद...। सोमाहिता ने बताया कि आप सभी लोग रामला के बाशिन्दा हैं। हो सकता है, उसके बारे में आप लोगों को कोई जानकारी हो।'

उन लोगों ने एक-दूसरे की तरफ देखा और विद्रूप की निकृष्ट भंगिमा में समवेत ज़ोर का ठहाका लगाया।

उनमें से एक व्यक्ति की तर्जनी गाल पर आ टिकी।

उसने अपने बालों पर उँगली फेरते हुए किसी दूसरे की तरफ मुखातिब होकर कहा, 'असल में, उसके कहने का मतलब यह है...लगता है...इस छोकरे के दिमाग़ में छींट-वींट है।'

लेकिन अगले ही पल कोई भयंकर तीखी और ऊँची आवाज़ ने हम सबको चौंका दिया। नीचे, ज़मीन पर बैठे किसी मर्द की आवाज़ गूँज उठी।

'रंगनाथ! कहाँ हो तुम, रंगनाथ? रंगनाथ!'

वहाँ सभी लोगों ने छूटते ही अपनी उँगलियों से अपने कान बन्द कर लिये।

'रंगनाथ, मेरी बीवी-बच्चों को लौटा दो तुम...तुम्हें तो सभी लोग प्यार करते थे...तुमने भी ज़रूर उन लोगों को...मुझे भी...सुनो, अल्लाह तुम्हें कभी माफ नहीं करेगा...तुम अपने भगवान से हार

गये, रंगनाथ!'

उसकी रुलाई धीरे-धीरे दूर और क्षीण होती गयी, जब तक उसे यह नहीं लगा कि मेरे सामने वह उन लोगों के कानों के पर्दे पर चोट नहीं करेगा। इसके बाद, वहाँ सभी लोगों ने राहत की साँस ली और कानों के छेद से अपने-अपने हाथ हटा लिये। अगले ही पल, उनकी जुबान से निकले खुदरा शब्द, मानो बेहद क्रूरता से खुसफुसा उठे।

'उफ! ज़रूर बस्ती का वह मुसलमान बन्दा होगा। है न?

'सूअर का बच्चा!'

'डिस्गस्टिंग! ओफ ओ!'

मुझे अपनी कुर्सी पर निश्चल-बेजान, बैठे रहना पड़ा! मेरे तन-बदन में फिर थकान की लहरें बल खाने लगीं।

'मुझे प्यास लगी है—' मैं कह उठा।

'रंगनाथ, हमें लौटा दो...'

अन्त में उन लोगों ने लाल पानी का गिलास मेरी ओर बढ़ा दिया।

'जी, मैं शराब नहीं पीता! थोड़ा-सा पानी मिल जाये, तो चलेगा!'

'यहाँ पानी नहीं मिलता।' किसी ने कहा।

'यह शराब नहीं है, बेजान लोगों का खून है...लो, पीओ! थोड़ा-बहुत नशा ज़रूर होगा, मगर तुम्हें मज़ा आयेगा! देखो न... हम सभी लोग पी रहे हैं।' किसी और ने कहा!

'तुम बेहद थके-थके और उदास नज़र आ रहे हो...लो, पी लो! देखना, तुम्हें अच्छा लगेगा।'

मुझे गिलास में भरे ड्रिंक से अपने होठ और जुबान भिंगोने ही पड़े। मुझे अपनी जुबान पर उसका नमकीन-तीखा स्वाद महसूस हुआ। लेकिन उस गिलास से हज़ारों सदियों का क्लेश और असहायता का पुंजीभूत दुर्गन्ध, मुझमें हिक़ारत भर गयी। मुझे लगा, मेरे अन्दर

का सब कुछ भीषण उबकाई के साथ, मेरे गले से बाहर आना चाहता है। जुबान की नोक पर लगा खून, उस बेजान-सख़्त ज़मीन पर थूक देने का मन हो आया।

उन सबकी निगाहें मुझ पर ही गड़ी हुई थीं। उन लोगों की आँखों में विह्वल-विस्मय झलक उठा।

'लगता है, यह छोकरा बिल्कुल ही अनाड़ी और नादान है।'

'लेकिन...रामला के वे तमाम छोकरे...जहाँ तक मुझे मालूम है...खून से ज़रा भी नहीं डरते थे...'

'हाँ, कभी यह भी नहीं सुना कि उनमें से किसी को भी अपने माँ-बाप के प्रति इतना खिंचाव है! इसीलिए तो 'वे लोग' आगे बढ़ गये। लेकिन, यह छोकरा तो...ज़रा अलग लगता है।'

'हम सब तो यही चाहते थे! कितनी बार उन लोगों को मैंने शराफ़त से...प्यार से समझाया—यह बग़ावत-वगावत छोड़ो...मुख्य धारा में लौट आओ तुम लोग! शरीफ बन जाओ! लेकिन, कौन, किसकी बात सुनता है? अरे, वे लोग क्या भली बातें सुनने वाले जीव थे?'

मैंने खून से भरा वह गिलास अपने सामने से हटा दिया। लेकिन मुझे लगा कि सभी लोगों को मेरी आँखों में घृणा ही नज़र आयी, सिर्फ घृणा, इसके बावजूद कोई कुछ नहीं बोला। बस, एक-दूसरे की तरफ अर्थपूर्ण आँखों से देखता रहा।

मुझे ही, दुबारा बातों की कड़ी जोड़नी पड़ी, 'आप लोगों को मेरी माँ के बारे में अगर कुछ मालूम हो, तो बतायें, वरना मैं विदा लूँ।' मारे उत्तेजना के, किंचित् ऊँची आवाज़ में मुझे कुछेक शब्द ख़र्च करने पड़े।

'तुम्हारी माँ का नाम?'

'मुझे ठीक-ठीक नहीं मालूम। सभी लोगों को मैंने 'तेरी माँ', 'तुम्हारी माँ' या 'उसकी माँ' कहते हुए ही सुना है।'

'तुम कइसे छँउड़े हो, जी? अपनी माँ का नाम तक नहीं

जानते? उसे ही अब खोजने आये हो?'

'अपने बाप का नाम तो याद है न?'

'बप्पा को, अरसा पहले ही छोड़ आया...इस वक्त मुझे उनका भी नाम याद नहीं। लेकिन, अगर कोशिश करूँ, तो शायद आ जाये।'

'कुछ समझे, बनर्जी साहब? यह लड़का अपने बाप के बारे में भी बज्र-अनजान है। इसका मतलब कुछ समझे या नहीं?'

'अब, ज़रा-ज़रा समझ में आ रहा है। रामला के उन छोकरों जैसा ही...धाकड़ धुरन्धर है।'

'असल माँ-बाप का कोई ठीक-ठिकाना है या नहीं, यह तो देख लें।'

'लड़का बड़ा सन्देहास्पद लग रहा है, कुछ समझे मित्तिर!'

'हूँऽऽ! आप सच कह रहे हैं। जो बन्दा हमारा नहीं है, उस पर शक़ तो होता ही है।'

'लगता है, भूखा है! भूख के मारे सब कुछ भुला बैठा है।'

'हमें उसे कुछ खिलाना-पिलाना चाहिए।'

'सत्य की माँऽ—!'

उन लोगों में से किसी ने आवाज़ दी।

पुकार सुनते ही सत्य की माँ हाज़िर हो गयी। दरवाज़े का पल्ला, बस, एक बार चरमरा उठा। आकर वह ठीक मेरे पीछे खड़ी हो गयी।

मैंने पीछे मुड़कर, उस पर एक बार उड़ती-सी नज़र डाली। हड्डियों की ढेर...वही बुढ़िया! वही तो काफी फफक-फफककर रो रही थी।

'ज़रा उस कमरे से...प्लेट में कुछ खाने को तो लाना।'

सत्य की माँ उसी पल चली गयी।

अब वे लोग मुझसे कोई सवाल नहीं कर रहे थे। उनकी आँखें बस, एक-दूसरे पर गड़ी थीं और अपने अगल-बगल बैठे लोगों के

कानों में खुसफुसाते रहे! बिल्कुल ख़ामोशी से! घुल-मिल जाने वाले अन्दाज़ में!

थोड़ी ही देर बाद, वह बूढ़ी महिला लौट आयी। हाथ में फाइबर की बड़ी-सी प्लेट में दो-दो सिर सजाये। दो-दो जोड़ी आँखें खुली हुईं। ऐसा लगा, मानो वे दोनों कटे सिर अभी भी ज़िन्दा हों।

उनमें से सिर्फ एक व्यक्ति उठ खड़ा हुआ।

उसने पूछा, 'क्या खाओगे, बिरादर? मेल या फीमेल? मर्द या औरत?'

चूँकि मेरा कोई जवाब देने का मन नहीं हुआ। उसने वह प्लेट मेज़ की दूसरी छोर पर रख दिया। अगले ही पल उसने ही एक सिर उठा लिया और उस मुण्ड पर हथौड़ी से चोट करने लगा। मेरे कानों ने 'फट्ट'—फट जाने की आवाज़ सुनी! बेहद पीड़ाकातर अहसास! इसके बाद, उसने वह हथौड़ी मेज़ पर रख दी और फोड़े हुए कच्चे अण्डे की तरह, उसने उस सिर को चीरकर दो टुकड़े कर दिये। थुल-थुल जेली की तरह, उस सिर में समाया दिमाग़ लद्‌द से प्लेट में गिर पड़ा।

बालों समेत मुण्ड का वह टुकड़ा, उसने कमरे के एक कोने में उछाल दिया और आवाज़ देकर कहा, 'सत्य की माँ, इसे बाहर फेंक दो।'

बूढ़ी औरत ने सिर्फ हिला दिया।

इसके बाद, उसने मुण्ड का दूसरा टुकड़ा, दिमाग़ समेत, प्लेट में छुरी-चम्मच के साथ परोस दिया और मेरी तरफ बढ़ा दिया, 'लो, खा लो। यह रामला के किसी नौजवान का मुण्ड है, खाकर खूब मज़ा आयेगा! वहाँ हम लोग यही खाते थे।'

'रामला में ही क्यों, भइये?' उनमें से कोई दाँत निपोरकर हँस पड़ा, 'दुनिया भर में जवान छोकरों का सिर सर्वाधिक स्वादिष्ट होता है।'

मैं एकटक सिर्फ उसकी सूरत निहारता रहा।

अब, उसने बेहद शान्त लहजे में कहा, 'तुम न...बेहद थके हुए हो...तुम्हें कसकर भूख भी लगी है...लो, खा लो।'

'इसे हटा लें मेरे सामने से...यह सब मैं नहीं खाता...उनमें से कई मेरे पक्के दोस्त थे...बहुतेरे नौजवान मुझे पहचानते थे।'

मेरे भारी-भरकम शब्द उन लोगों की तरफ आग की तरह फैल गये। मेज़ पर ही पच्च से थूककर, मैं उठ खड़ा हुआ।

'ही मस्ट बी ए कल्प्रिट!'

'बिल्कुल उस लड़की की तरह...'

'मिस्टर राय...देखें, देखें, कैसा पिद्दी की तरह भाग रहा है! उसका मुखौटा खुलकर गिर पड़ा है...' उसने दाँत चमकाये!

'वेल डन! बहुत अच्छा किया, नियोगी...बच्चू ने चाल तो बढ़िया चली थी...'

'क्या ख़याल है, मिस्टर बसु? इसीलिए मैंने कहा था, हम कहते थे कि चटर्जी को कमिश्नर बनाय दो!' वह भी दाँत निपोरकर हँसा, 'कुछ समझे? या नहीं समझे?'

सीढ़ियों पर मेरे पैर शराबी की तरह लड़खड़ाते रहे। चूँकि मैं काफी डर गया था, इसलिए बेतरह काँप रहा था। इस वक्त, उनके 'ठहाके' मेरा पीछा करते रहे और मेरे दिल की धड़कनें दुबारा तेज हो उठीं। मर्मर चाँदनी अभी भी विलीन नहीं हुई थी। कुहासा बिखरने में अभी भी कुछ देर थी।

मैंने दरवाज़े की कुण्डी खटखटायी, हालाँकि दरवाज़ा अन्दर से खुला हुआ था।

खटखटाने की आवाज़ सुनते ही, उसने झट से दरवाज़ा खोल दिया।

'कुहासा घिरने वाला है! कम से कम आज का दिन यहीं गुज़ार देना चाहता हूँ।'

उस धुँधले अँधेरे में हम दोनों ही एक-दूसरे का चेहरा पढ़ते रहे। लेकिन मुझे लगा, जैसे उससे मेरी वर्षों पुरानी जान-पहचान

है। का-फी पुरानी!

अन्त में उसी ने जुबान खोली, 'यह सब छोड़ो! अब अन्दर आ जाओ।'

'...बड़ी उम्मीद लगाये मैं तुम्हारी राह देख रही हूँ। तुम्हें देखने की तीखी प्यास जाग उठी है। अब, मन में कोई अभिमान मत पालो। जहाँ भी हो, लौट आओ, क्योंकि मैं...'

यादें! यादें! और यादें! लेकिन, यादें तो अब धीरे-धीरे मेरी या हमारी ज़िन्दगी से गुम हो गयी थीं। सदियों की धूल-मिट्टी में, या हज़ारों-हज़ारों वर्ष की सभ्यता की जली-झुलसी ईंट के खँडहर में, वे तमाम यादें घुल-मिल चुकी थीं।

आखिरकार उसने मुझे पहचान लिया था। लेकिन वह बेतरह विस्मित हो उठी थी।

मैंने सिर्फ इतना ही कहा—'धन्यवाद! आज के दिन मैं यहीं सो जाना चाहता हूँ।'

उसके बाद, रात में जब नींद टूटी, तो मैं उसका आश्रय छोड़कर, लौटने को भी आमादा हो गया।

लेकिन, उसने कहा, 'सुनो, मैं भयंकर अकेली हूँ। तुम मेरे पास ही रुक जाओ।'

मैं चेहरा लटकाये, लाचार-सा, काफी देर तक बैठा रहा। मैंने ख़ास कोई बात भी नहीं की। ज्यादातर सिर्फ वही बोले जा रही थी। वे सब बातें भी मेरी जानी हुई थीं। मुझे सब कुछ पता था... स-ब कुछ!

'काफी रात हो गयी है...अब मुझे जाने दो।'

'कहाँ जाओगे?'

'तृषा के पास! यहाँ से काफी लम्बा रास्ता है! मुमकिन है, वहाँ पहुँचते-पहुँचते ही कुहासा उतर आये।'

'तब जाने की कोई ज़रूरत नहीं है, जी! तू यहीं रुक जा।'

'ऐसा कभी, किसी दिन सम्भव नहीं होगा।'

मैं उसका बिस्तर छोड़कर उठ खड़ा हुआ।

लेकिन उसने मेरे जैकेट का सिरा, अपनी मुट्ठी में कसकर दबोच रखा था।

मैंने बेहद वितृष्णा भरे लहजे में झिड़क दिया, 'छोड़ो, दू' बुआ, मुझे छोड़ दो! छोड़ो मुझे।'

इसके बावजूद उसने मेरा जैकेट कसकर दबोच रखा था। उसने मुझे खींचकर अपनी छाती से लिपटाते हुए कहा, 'तू कितना बड़ा हो गया है, रे!'

'तुम अभी भी मुझे यूँ रोके रखोगी?'

'तुझे मैं इसी तरह अटकाये रखती थी...तुझे वे सब बातें याद हैं?'

'तुम्हें ईश्वर का वास्ता, इस तरह मेरी पहरेदारी मत किया करो।'

'तू आज भी मेरे लिए वही बच्चा का बच्चा है...'

'नहीं, तुम सब मेरे कोई नहीं थे...तुम भी...'

'क्यों, रे, अभी तक तेरा मान-अभिमान नहीं गया?... याद है, तू हमेशा मुझसे मान ठाने रहता था...'

'आखिरी दौर में मान-अभिमान नहीं करता था। तुम सबसे नफरत होती थी, एक दादी को छोड़कर!'

'माँ कैसी है, रे?'

'तुम्हारे खो जाने के कई सालों बाद, उन्हें भी चले जाना पड़ा...'

मेरे और उसके तमाम शब्दहीन खुसफुस शब्दों के बीच कहीं गर्म-गर्म उसाँसें फिसल-फिसलकर गिरती रहीं। अन्त में उसने मेरी बाँहें मुक्त कर दीं। मुझे रिहा कर दिया। अब उसकी पीली-पीली सूरत और आँखों के कोटर में जमा खून, मानो उमड़ आया हो। वह अपने आँचल से उसे ढँके रही।...मैं खिड़की की सलाखों के करीब लौट आया। मेरी, निगाहें धुँधले-धुँधले अँधेरे और आसमान पर

चमकते तारों पर जा गड़ीं! सब नन्हे-नन्हे जुगनू की तरह नज़र आ रहे थे।

वह बेतरह फफक रही थी।

'तुम्हारे यूँ गुम हो जाने से, उन्हें गहरी चोट लगी थी। उसे अपार दुःख हुआ था।...' मैंने ज़रा ठहरकर कहा।

'इसके अलावा, मेरे लिए कोई उपाय नहीं था...'

'जानता हूँ! बहुतेरे इन्सान खो जाते हैं, लेकिन तुम्हारा यूँ खो जाना सही नहीं था...'

'चुप कर तू! तूने जो किया, क्या वह सही किया? तुझे ऐसा करना चाहिए था? तेरी अभी उम्र ही क्या है?'

'लगता है, मैं तुम लोगों का ख़ास कुछ नहीं लगता था...चलो, मेरी बात छोड़ो...तुम्हें तो सभी लोग चाहते थे...'

'वह तेरे मन की ग़लतफहमी है...उस वक्त तू बेहद छोटा जो था...'

'लेकिन मुझे अहसास था...मैं सब समझता था...'

'सून, तू मुझे ग़लत मत समझ...'

'तुम...तुम सभी मेरी पीठ-पीछे खुसफुस किया करते थे। मुझे सब सुनायी देता था...'

'उन लोगों ने मुझे सिर चढ़ा रखा था। लेकिन, यह बात, बहुत बाद में, मेरी समझ में आयी...उनके हाथों की गुड़िया के अलावा मैं कुछ नहीं थी...'

'मुझे ऐसा नहीं लगा। वे सभी लोग तुम्हें बेहद चाहते थे...'

'ठीक देखा था तूने...बिल्कुल सही! तूने मेरा बाहर ही देखा...लेकिन, हम सबके अपने भीतर, अपने सिवा, शायद और कोई भी, किसी तरह की अच्छाई नहीं देख पाता।

वह अपने आँचल की छोर से, बार-बार अपनी आँखों से बहता खून पोंछती रही। मुझे अचल खड़े रहने को उसने लगभग लाचार कर दिया।

'सच ही तो, तुम्हारे प्रति ढेरों नाइंसाफी हुई है...लेकिन मैं उतनी बुरी नहीं थी...जितना तुम समझते थे...?

चाँदनी की झुलसी हुई रोशनी में उसका पीला चेहरा, आज भी बेहद ख़ूबसूरत लग रहा था, जैसी वह मुझे पहले नज़र आती थी। हालाँकि इस वक्त उसके अन्दर कोई अनुभूतिहीन सख़्ती मुझे नहीं दिखायी दी। वह बेहद उदास, सतायी और टूटी हुई...ढही हुई खँडहर इनसान लग रही थी। वह क्या सचमुच...शुरू से ही ऐसी ही थी? हम दोनों के अन्तर्जगत में खुसफुसाहट जारी रही।

'मेरा आखिर क्या दोष था? कसूर कोई करता है, सज़ा कोई और झेलता है।'

मेरी समूची ज़िन्दगी तुम लोगों ने खटमल की तरह चूस डाला... हाँ, खून चूसने वाले खटमलों की तरह!'

उसकी सिसकियाँ बेहद भयंकर तरीके से उसकी आँखों से बहते हुए खून में नहा गयीं। हमें होश ही नहीं रहा कि रात कब ढल गयी। कुहासे का ज्वार, बेलगाम हिंस्रता के साथ सलाखों पर मानो हहराते हुए पछाड़ें खाने लगी।

'दू´ बुआ, वो देखो...कुहासा...छोड़ो मुझे...'

उसने फिर मुझे अपनी छाती से चिपका लिया। उसकी कोमल-कोमल उँगलिया मेरे बालों में धारियाँ काटने लगीं।

'भागकर क्या रिहाई पायेगा? कुहासे में मुझे भी डर लगता है।'

लेकिन कुहासा सलाखों को बेधता हुआ, किसी जहरीले साँप की तरह अन्दर तक रेंग आया और अपने निःशब्द, उद्धत फन उठाये, हम दोनों को डंक मारता रहा, हमारी प्रेतछाया देह को लगातार डंसता रहा।

'उफ! दू´ बुआ, अर्से बाद...वर्षों बाद खटमलों द्वारा खून चूसने की असह्य यन्त्रणा...'

'हाँ, मैं भी झेल रही हूँ, वह यन्त्रणा!'

'तुम्हारी पीड़ा! मैं तुम्हारे बारे में कुछ नहीं जानता!'

'सुनेगा, तो शर्म से गड़ जायेगा तू...वह दारू पीकर कोठरी में घुसता था और मुझे बेभाव पीटता था...उसके बाद पेट में बच्चा डालकर, मुझे मायके भेज देता था! उसकी जुबान पर अकथ्य गाली-गलौज गूँज उठता था।'

'तुमने किसी दिन विरोध नहीं किया?'

'शुरू-शुरू में करती थी...लेकिन बहुत अधिक विरोध करना मैंने सीखा ही नहीं था। यूँ भी बहुतेरे लोगों का कहना था कि औरत जात का इतना उद्धत-उदण्ड होना अच्छी बात नहीं होती और मुझसे कहा था कि मैं यह सब क़बूल कर लूँ! सह लूँ सारा कुछ! जो भी होता है या हो रहा है, वह मेरी तकदीर का दोष है! मेरी तकदीर पर भगवान जी का श्राप है! कहते थे, पिछले जनम में मैंने ज़रूर ढेरों पाप किये थे।'

हम दोनों की देह के रंध्र-रंध्र में कुहासा घुस आया था। हम दोनों अब, किसी हाल भी विच्छिन्न नहीं रह सकते थे। कुहासे धीरे-धीरे हमारे हाड़-मांस का जीवन, एक-दूसरे में लपेट देने को आमादा थे।

'आज मैं तुम्हें नये सिरे से पहचान रहा हूँ। लेकिन तुम्हारे साथ घटी, ये तमाम बातें मुझे कभी, किसी ने नहीं बतायीं और उन लोगों के अन्दर किसी भीतरी ज्वाला का भी मुझे कभी अन्दाज़ा नहीं हुआ।'

'हाँ, तुझे अन्दाज़ा नहीं लगा...वे लोग मेरी कोख में अपनी एक-एक कुकर्म के नतीजे में पैदा हुए थे।'

'हाँ, मैं जानता हूँ। कभी-कभी तुम कहा करती थीं कि उन लोगों में 'उसी आदमी' का खून बहता है। मगर यही खून किसी न किसी दिन सच उगल देगा।'

'उन सबका क्या हाल है, रे? वे सब कैसे हैं?'

'दादी के गुज़र जाने के बाद, काका लोगों ने और आराम से

जीने की कोशिश की। रीनी को लगभग बेकार-बेरोज़गार लड़के के साथ भाग जाना पड़ा। बड़े भइया ने रामला की ही किसी बस्ती की औरत को लेकर, अपनी अलग दुनिया बसा ली और मझले भइया किसी बहुमंजिली इमारत के कबूतरनुमा किसी दरबे में समा गये। वे लोग मझले भइया को काफी पसन्द करते थे और यह भी कहा करते थे कि रीनी और बड़े भइया जहन्नुम में चले गये। रामला त्यागकर आते हुए, मुझे बस, इतनी भर जानकारी थी।'

'और तू?'

'उस घर में बप्पा का कभी, कोई अस्तित्व ही स्वीकार नहीं किया गया, हालाँकि बप्पा कहा करते थे कि अगर मुमकिन होता, तो वे अपना अधिकार समझ लेते और समझा भी देते।'

'और बुकी?'

'उस बेचारी का तो ब्याह ही नहीं हुआ! कोई-कोई पीठ-पीछे आपस में खुसफुस भी किया करता था कि वह मेरी अनब्याही, बुद्धू बुआ है।'

मेरे बालों में फिरती हुई दू´ बुआ की उँगलियाँ अब थम गयी थीं। अब उनकी उँगलियाँ मेरे बालों में कसकर गुँथ गयी थीं। मुझे उनकी देह के अन्दर मौजूद हड्डियों के बर्फीले स्पर्श का साफ-साफ अहसास हो रहा था और उनकी बायीं हथेली मेरी पीठ पर सिर्फ ठिठकी हुई थीं।

सच तो यह था कि हम दोनों को ही अहसास हो गया कि कुहासे के दंश से हमारी देह के मांस, कट-कटकर, फर्श पर गिरते जा रहे हैं! केवल फर्श पर ही नहीं, बिस्तर पर भी! हमारे तन-बदन का खून खदबदाकर उमड़ पड़ रहा है और हम दोनों के ही मांस-विहीन हड्डियों के रस में हम दोनों ही एक-दूसरे में अटके हुए हैं, हालाँकि हम दोनों के अन्तर्जगत में प्रायः शब्दहीन खुसफुस जारी थी—

'तूने बताया नहीं, किस बात पर मान करके, तुझे रामला

छोड़कर, आना पड़ा?'

बहरहाल मैं ये सारा कुछ अपने अन्दर बसी कविता की तरह ही बता सकता हूँ—मेरी खोयी हुई माँ, सुदूर मरीचिका की तरह, अपनी बाँहें फैलाकर मुझे आवाज़ें देती रहती थी और मेरे यार-दोस्त, जिन लोगों ने सोने की दुनिया गढ़ने का सपना देखा था, 'वे लोग'... वे लोग लगातार उन लोगों का नाम बताने की दुहाई देते रहे। इन सभी कारणों से मेरा खो जाना बेहद सुखद है।

'तेरी माँ बेहद सरल थी...मगर उसे ज़हर बन जाना पड़ा...'

'क्यों? ऐसा कौन-सा कसूर हो गया था उससे?'

'हमने तो उसे दूर-दूर ही रखा था और उसकी पीठ-पीछे हम फुसफुसाया करती थी, हालाँकि मैंने अपने तीनों के बारे में सोचकर...सब कुछ क़बूल भी कर लिया था।...'

'इसीलिए माँ को खो जाना पड़ा?'

'पता नहीं! लेकिन हम सभी प्राणी अपने ही खून को प्रश्रय देती थी... और उसे लगता था कि...उसकी सुख-शान्ति मेरी ही वजह से नष्ट हुई, जबकि इन सबकी जड़ में थीं, तेरी दादी! उसने सोचा था कि कोई बहुत बड़ा ठौर-ठिकाना मिल जायेगा। वह बेहद मामूली-सी नौकरी करता था...लेकिन बप्पा की ज़िन्दगानी, वह सोने से मढ़कर नहीं 'गया।'

कुहासा धीरे-धीरे हम दोनों के तलवे तक गलाने लगी थी। हम दोनों की ही, किसी तरह अटकी हुई देह, सन्तुलनहीन होकर, धप से ज़मीन पर गिर पड़ी। फर्श पर बहते रक्त पर, सिर्फ एक बार अपनी हड्डियों की बेभाव छटपटाहट सुनायी दी! सिर्फ एक बार! भयंकर यन्त्रणा भरी छटपटाहट! खटमल द्वारा खून चूसने जैसी यन्त्रणा! फर्श के प्रबल आघात से हमारी हड्डियाँ, सीमाहीन विमूढ़ता से धज्जी-धज्जी टूटकर बिखर गयीं। कमरे के अवश अँधेरे की पृष्ठभूमि में हमारे खून छितरा गये थे।

'दादी भी मेरे अन्दर की कविता में मौजूद थीं...वे मुझे बेहद

प्यार करती थीं।'

'वह तो लाचारी थी! उसकी समूची छाती विवेक के दंश से झुलस गयी थी–'

'ओफ हो! दू´-बुआ...'

'तुझे ये बातें पता चलतीं, तो तेरे दुःख की झोली और वजनी हो आती।'

अब तक हम दोनों टूटकर पिचक गये थे। हम दोनों की मांसहीन पसलियाँ टूटकर एक-दूसरे में जा घुसीं। कहना चाहिए, हम दोनों अब, एकाकार हो गये थे, हालाँकि हमारे स्वतन्त्र, शब्दहीन शब्द किसी सीमाहीन यन्त्रणा से छटपटाये जा रहे थे।

'बप्पा की इन सब करतूतों का विरोध करना चाहिए था।'

'विरोध?' उसकी मर्मर, फिर भी शब्दहीन बुदबुदाहट, भयंकर व्यंग्य के लहजे में विखर गयी, 'विरोध करने का वक्त कहाँ था?'

'यहाँ मैं उसे अरसे से खोज रहा हूँ। उससे अगर भेंट हो जाती, तो वह ज़रूर बताती...'

'यहाँ कभी उससे भेंट हो जाये, तो पूछ लेना...! इन सबके बावजूद, तेरे बप्पा ने एक और अपराध किया था...चरम अपराध!'

'हाँ, मुझे बताओ! सा-री बातें बताओ! रामला में ज़िन्दगी भर यही सब जानने को चप्पे-चप्पे में दौड़ता फिरा था।'

'वह औरत, जो तेरी सौतेली माँ बन गयी, उसका रूप, तेरे बप्पा को बेतरह खींचता था। उसने कहा था–वह बहुत सारे फ़ायदे दिलायेगी। तेरा बप्पा भी उन दिनों सपनों के रंगीन माया जाल में फँस गया।'

'यानी तुम यह सब जानती थीं?'

'जानती थी। लेकिन जानकर भी नहीं जानती थी।'

'यानी मेरे बप्पा ही...?'

'नहीं, नहीं, मेरा यह मतलब नहीं था। लेकिन खो जाने के लिए तेरी माँ को, तेरे बप्पा ने ही बहकाया-फुसलाया था...'

'छोड़ो, मुझे बेहद नफरत हो रही है—'

हमारी दो जोड़ी उदास-हताश आँखें अभी-अभी गल गयीं। इसके बावजूद हम अँधेरे के अस्तित्व में ज़िन्दा हैं। सभ्यता की ईंटों में ही, झर जाने का मर्मर आर्तनाद, हमें सुनायी दे रहा है। हमारे बदन के मांस कार्बन होते जा रहे हैं...पूरी तरह कार्बन! हम उसकी बदबू महसूस कर रहे हैं।

अब हम दोनों कहीं से भी अलग नहीं हैं। हमारी हड्डियों का चूरा, अब एक-दूसरे के चूरे में घुल-मिल गया है। हमारे मांस भी ईंटों के चप्पे-चप्पे में समा गये हैं। फर्श पर बचा हुआ खून भी उमड़ा पड़ रहा था...झागदार उल्टियों की तरह!

उसे जब आखिरी बार देखा था, बिल्कुल पहचान ही नहीं सका! मिट्टी के तेल की आग में समूची चमड़ी काली पड़ गयी थी! एकदम से सिकुड़कर कठपुतली बन गयी थी और समूचे तन-बदन में ऐंठन जगा गयी थी। इसके बावजूद अपना सब कुछ गँवा देने के बजाय। उसने जीने की कोशिश की थी।

उसने कहा, 'पानी! पा-नी! पानी चाहिए।'

उसके बाद, वह जग ही नहीं रही!

हम दोनों में से कोई भी जगा नहीं रहा। पीली धूप और मेघहीन खुले-उन्मुक्त आकाश तले हम दोनों निश्चिन्त सो गये और इसी तरह, अनन्त काल तक सोये रहेंगे। लेकिन 'उन लोगों' की जुबान में हम कभी भी ठीकठाक मरे हुए नहीं हैं। हमारे दिमाग में समय महज स्मृति है और हमारी हड्डियों का चूरा कार्बन—पूरी तरह, कई-कई शताब्दियों से ध्वंस रूप में, खँडहर के धूलकणों में घुल-मिल गया है।

मुझे अभी भी याद है, मुझे रामला लौटना ही पड़ा था। बप्पा ने लौट आने को कहा था। वे मृत्युशय्या पर थे। इसके अलावा मुझे बप्पा का खून भी करना था, क्योंकि माँ के खो जाने का बदला लेने का, यह आखिरी मौका था। अब, मैं बप्पा को शायद कभी माफ

नहीं कर सकता था।

मैं उसी नदी की तटभूमि पर लौट आया। नदी के लहरों की दिगन्त सीमा रेखा के उस पार, मुझे गुम कर देने वाला गाँव, रामला स्थित था।

चाँदनी में भींगी, निःसंग तटभूमि पर चलते-चलते मैं उसके बेहद क़रीब आ पहुँचा। अच्छा, मुझे देखकर ही वह नदी, छलात्-छलात् भंगिमा में लहरें मारने लगी?

कुछ ही दूर से उस आदमी ने मुझे आवाज़ दी। मैं भी उसकी नाव के काफी नज़दीक आ पहुँचा था।

उसने कहा, 'आप बिल्कुल ठीक वक्त पर आ पहुँचे। अगर जरा भी देर हो जाती, तो मैं जा चुका होता।'

लेकिन वह बेहद अजीब बन्दा था। समूची लहरें पूर्णिमा की रात में धुली-धुलायी लग रही है और उस पीली स्वच्छता में सीमा-परिसीमा के बीच, मैंने आविष्कार किया कि उस इनसान के माथे के बीचोंबीच और एक आँख है। मैं विस्मित-विह्वल-सा साफ़-साफ़ उसके चेहरे पर नज़रें गड़ाये रहा।

'दादा, कहाँ जायेंगे आप?' उसने सवाल किया।

'उस पार ही...'

इसके बाद, वह मुझे लेकर, अपनी नाव नदी की लहरों के हवाले कर दिया और लहरों के रुख पर बहता रहा! उसकी टुकड़ा-टुकड़ा बातें, नदी पर बहती हवा की तरह ही बेहद जलज, सरल और मर्मस्पर्शी थीं। नाव पर सवार दो-दो प्राणियों को, मझधार में उमड़ती हुई किसी लहर ने ज़रा झकझोर दिया, हालाँकि हम पहले की तरह ही भय से ऊपर थे।

इसके बाद, उसने मुझे तीसरी आँख से देखते हुए सवाल किया, 'उस पार कहाँ जायेंगे?'

'रामला।'

'रामलला? इस नाम का यहाँ कोई...इस अहाते में तो ऐसी

कोई जगह नहीं है...! ऐसी किसी जगह का नाम भी मैंने नहीं सुना।'

उसके बाद...ज़रा देर बाद ही, उसने पहले की तरह ही अपने निर्विकार चित्त पर नरम-मुलायम मुस्कान ओढ़कर कहा, 'वैसे इस जगह का नाम मैंने सुना ज़रूर है...लेकिन, यह तो वर्षों पुरानी बात है, जब मैं छोटा-सा था। मेरी दादी मुझे गोद में बिठाकर कहानियाँ सुनाया करती थी...जाने कितनी परीकथाएँ...कितने ही कहानी-किस्से...कितने ही किस्म की रंग-बिरंगी कहानियाँ...वे ही बताया करती थीं, कि 'रामला' नामक एक अति-प्राचीन नगर हुआ करता था। लेकिन, वह तो हज़ारों सदियों पहले की बात है...फिर सब कुछ ध्वंस होकर खँडहर बन चुका है...'